読解力と思考力を鍛える!

なぞ解きストーリードリル

論理トレーニング

ナツメ社

北村良子 著

もくじ

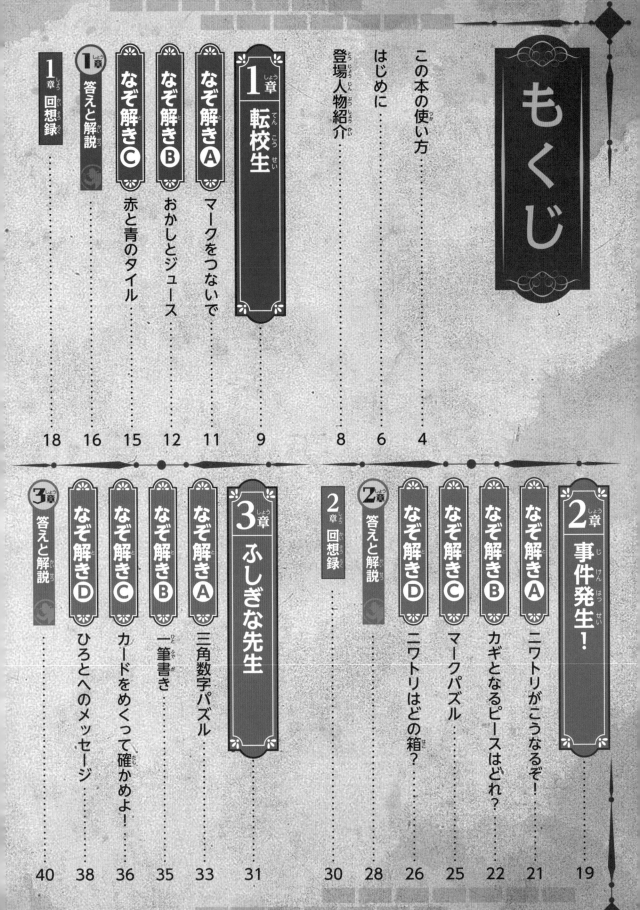

この本の使い方

★線に注目！

文章には、問題に関係のあるところに線が引いてあるよ。線を見落とさないようにしよう。

★イラストもチェック！

各見開きに、物語の挿絵がのっているよ。イラストにも登場人物の心情やなぞ解きのヒントがかくされているかも。

★物語を読もう！

登場人物たちがなぞ解きに挑戦する物語を読んで、楽しみながら問題を解いていこう。見開きページの物語を読んだら、下の段の問題にチャレンジ！

なぞ解きストーリードリル

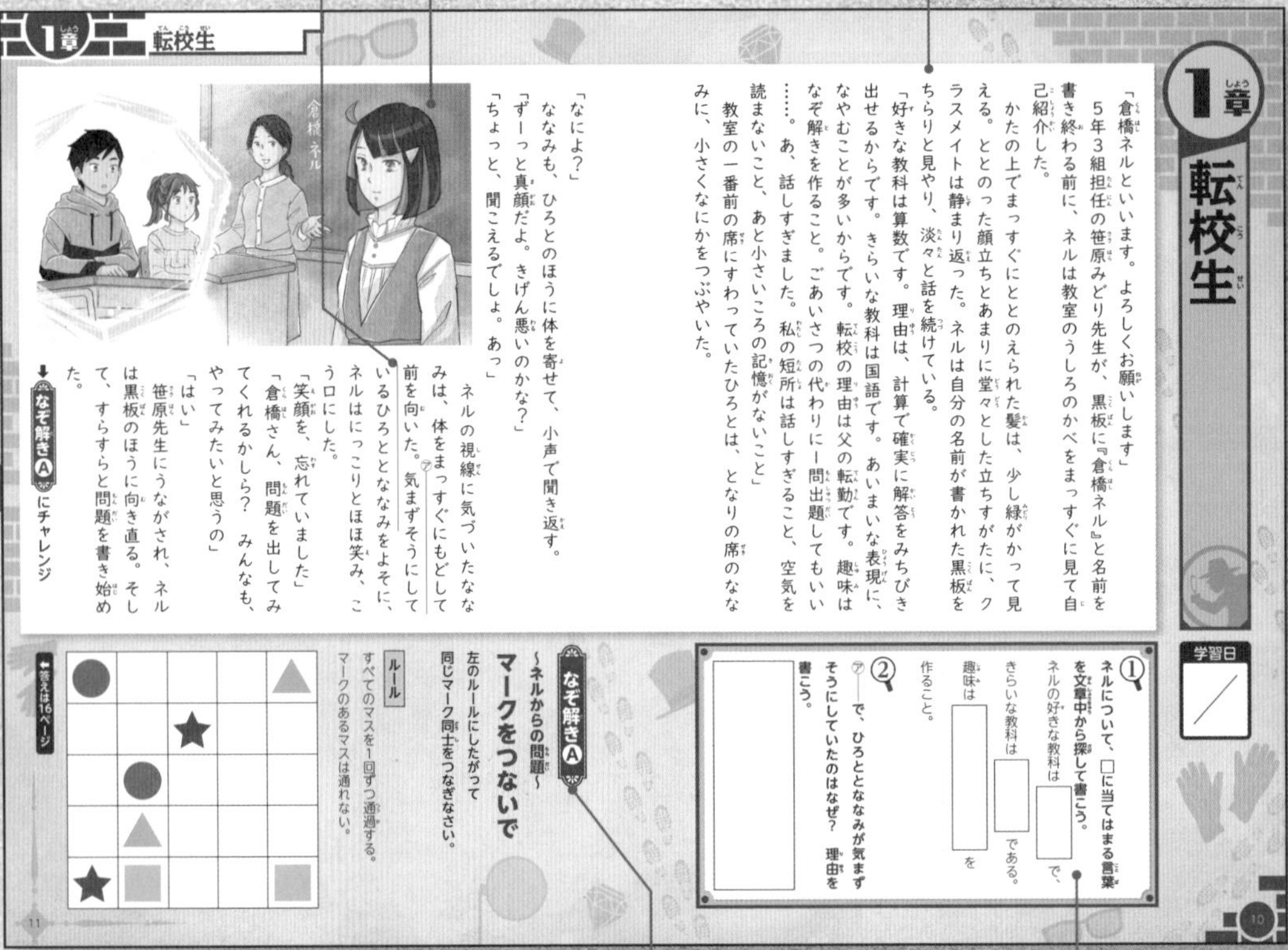

1章 転校生
「倉橋ネルといいます。よろしくお願いします」

5年3組担任の笹原みどり先生が、黒板に『倉橋ネル』と名前を書き終わる前に、ネルは教室のうしろのかべをまっすぐに見て自己紹介した。

かたの上でまっすぐにととのえられた髪は、少し緑がかって見える。ととのった顔立ちとあまりに堂々とした立ちすがたに、クラスメイトは静まり返った。ネルは自分の名前が書かれた黒板をちらりと見やり、淡々と話を続けている。

「好きな教科は算数です。理由は、計算で確実に解答をみちびき出せるからです。きらいな教科は国語です。あいまいな表現に、なやむことが多いからです。転校の理由は父の転勤です。趣味はなぞ解きを作ること。ごあいさつの代わりに1問出題してもいい……。あ、話しすぎました。私の短所は話しすぎること、空気を読まないこと、あと小さいころの記憶がないこと」

教室の一番前の席にすわっていたひろとは、となりの席のななみに、小さくなにかをつぶやいた。

「なによ？」

ななみも、ひろとのほうに体を寄せて、小声で聞き返す。

「ずーっと真顔だよ。きげん悪いのかな？」

「ちょっと、聞こえるでしょ。あっ」

ネルの視線に気づいたななみは、体をまっすぐにもどして前を向いた。㋐気まずそうにしているひろととななみをよそに、ネルはにっこりとほほ笑み、こう口にした。

「笑顔を、忘れていました」

「倉橋さん、問題を出してみてくれるかしら？　みんなも、やってみたいと思うの」

「はい」

笹原先生にうながされ、ネルは黒板のほうに向き直る。そして、すらすらと問題を書き始めた。

倉橋ネル
↓なぞ解きⒶにチャレンジ
①ネルについて、□に当てはまる言葉を文章中から探して書こう。
ネルの好きな教科は□で、きらいな教科は□である。

趣味は□を作ること。
②㋐で、ひろととななみが気まずそうにしていたのはなぜ？　理由を書こう。
学習日
なぞ解きⒶ
～ネルからの問題～
マークをつないで
左のルールにしたがって同じマーク同士をつなぎなさい。
ルール
すべてのマスを1回ずつ通過する。
マークのあるマスは通れない。
←答えは16ページ
11
10

★読解問題を解こう！

右側のページでは、読解問題が出されているよ。文章をよく読んで問題に答えてね。

各章の回想録もあるよ

★なぞ解きの問題を解こう！

物語を読み進めていくためのなぞ解きの問題が出されているよ。登場人物たちの考え方や解き方をヒントに取り組み、論理的思考力を高めよう！

★なぞ解きの問題の答えと解説を読もう！

なぞ解きの問題の答えと、答えをみちびき出す方法や考え方の説明が書かれているよ。よく読んで、論理的思考力を身につけよう。

★読解問題の答えと解説を読もう！

読解問題の答えと、答えをみちびき出すために見るべき箇所や、考え方の説明が書かれているよ。まちがえてしまった問題は特にしっかり読んで、答えの見つけ方を身につけよう。

答えと解説

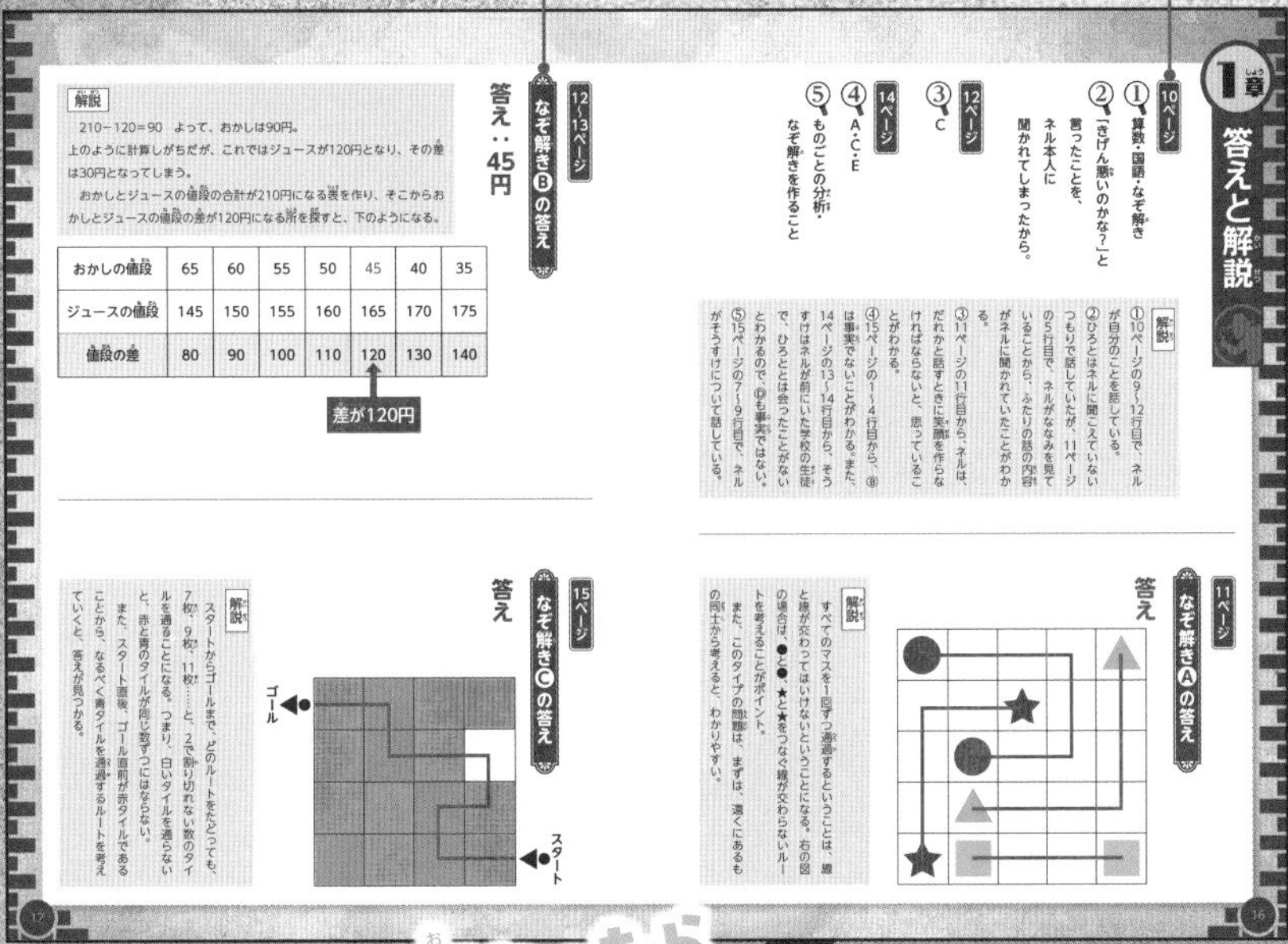

解き終わったら

読み終わったら

別冊復習ドリル

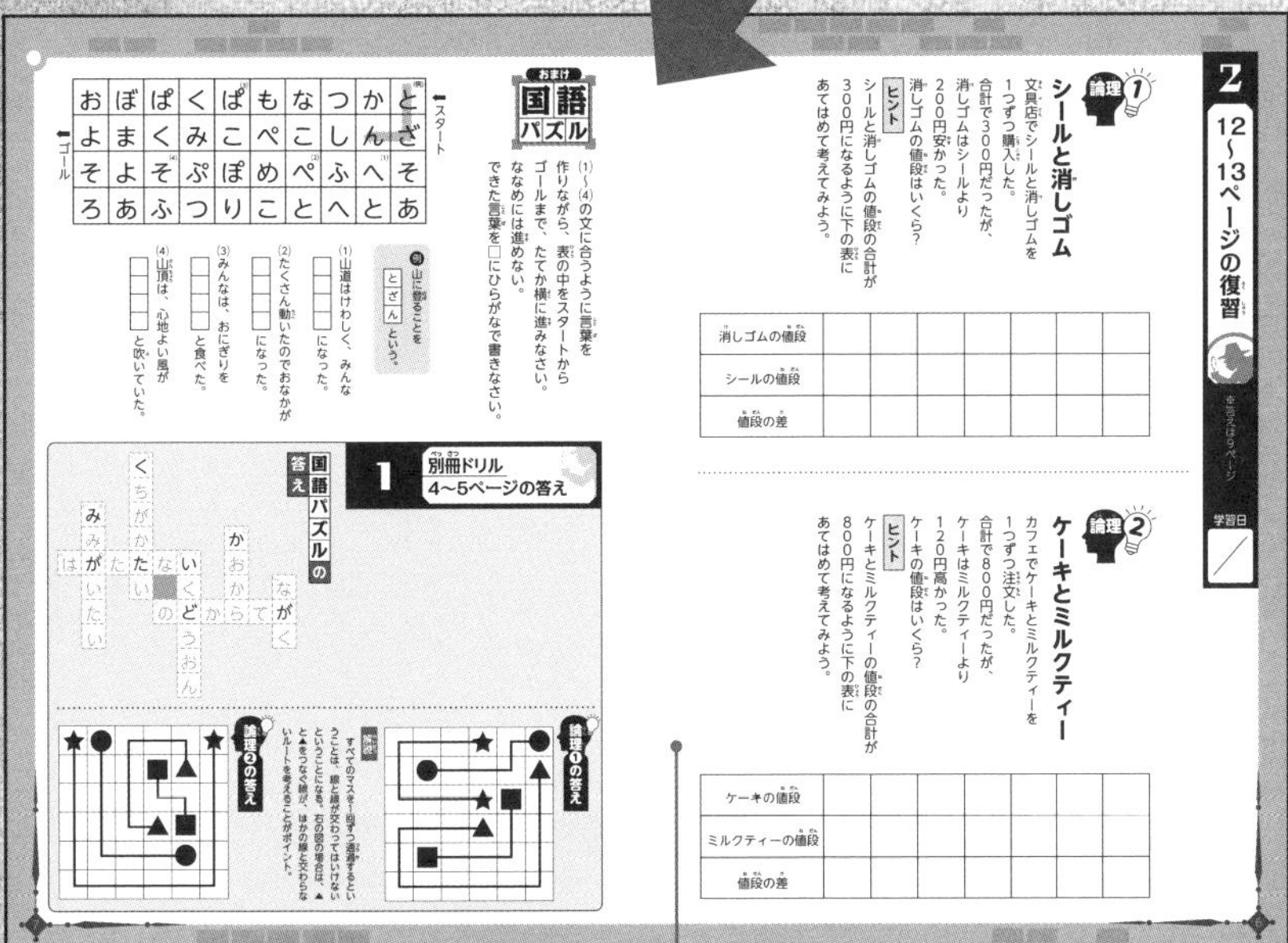

★なぞ解きの問題の復習をしよう！

『なぞ解きストーリードリル』で学習したなぞ解きの問題の復習問題が出されているよ。つぎのページに答えと解説がのっているので、解いたら答え合わせをしよう。

(62〜63ページの問題の答えは、5ページにのっているよ。)

はじめに 論理的思考力を鍛えよう！

北村良子

「論理的思考力」と聞いてなにを感じますか？　「むずかしそう」とか、「理屈っぽい感じ」というイメージを持つのではないでしょうか。

しかし、じつは「論理的思考力」はとても身近な存在で、私たちはふだんから「論理的思考力」を使ってものごとを考えているのです。

この「論理的思考力」の使い方が上手な人は、問題解決力が高く、言葉でわかりやすく説明ができ、理解力が高く、考えをしっかりと前に進めることができます。

そして、「論理的思考力」は練習によってしっかりと身に付いていく力です。

「論理的思考」とは、ひとことで言うと〝筋道をたてて考えること〟です。電車と線路をイメージしてください。電車というあなたの思考が、線路の上を走ります。

とちゅうで線路がとぎれたり、脱線したり、よけいな遠回りをしたりすることなくまっすぐ走っていくこと。これが「論理的思考」です。

たとえば、ピーマンがきらいなAくんがいたとします。「なぜピーマンがきらいなの?」と聞かれたとき、Aくんが「小さいころサラダを食べたから、ピーマンがきらいです(とぎれて、とちゅうの説明が抜けている)」とか、「小さいころサラダを食べました。ハンバーグについていたんです。ハンバーグはおいしくて、それから大好物です(脱線して別の方向に話が進んでいる)」と答えたなら、論理的に思考した答えとはいえません。

「小さいころにサラダを食べたら、苦くてまずいものが入っていたんです。その正体がピーマンで、それからピーマンがきらいになりました」とでも答えられれば、相手にわかりやすく伝わるでしょう。これが論理的に考えるということです。

このドリルはストーリーと、国語の問題、なぞ解き問題からできています。ストーリーを読み理解すること、その理解を元に国語の問題を解くこと、なぞ解き問題を解くこと、そのすべてにおいて「論理的思考力」を使います。

なぞ解き問題は、一問一問にいろいろな力を使います。たとえば、目で見てそこから情報を読み取る「観察力」や、あれこれとやってみながら考えを進めていく「試行錯誤力」、問題を読み解く「理解力」と、あらゆる力を使って解いていきます。そして、なぞ解き問題で鍛えられた力はすべて「論理的思考力」につながっていきます。

なぞ解き問題はどれも楽しく解けるように工夫して作成しました。本編の主人公ひろとたちといっしょに、楽しみながら「論理的思考力」を鍛えていきましょう!

登場人物紹介

朝永ひろと

小学５年生。情に厚くて勇敢だけど、
深く考えずに突っ走ってしまう性格。

春田ななみ

小学５年生。しっかり者で、
やさしく、ちょっぴり心配性。

倉橋ネル

ひろとたちのクラスに来た転校生。
どことなくふしぎな女の子。

栗城そうすけ

小学５年生。ネルの前の学校の友人。
秀才で、プログラミングがとくい。

光本まりん

ひろととななみのクラスメイト。

笹原みどり

５年３組の担任の先生。

平場勝義

ＡＩを研究している天才博士。

大道寺小吾郎

ＡＩを研究している天才博士。

1章 転校生

ここは、とある町のとある住宅地にある、棗第三小学校5年3組の教室だ。

月曜日の教室は、いつも以上にさわがしく、だれもが思い思いに、休み中にあったできごとを話している。

そこへ、クラス一の俊足をほこる朝永ひろとが、教室に息せききってかけこんできた。

「みんな、大ニュース！　今日3組に、転校生が来るってよ！」

1章 転校生

「倉橋ネルといいます。よろしくお願いします」

　5年3組担任の笹原みどり先生が、黒板に『倉橋ネル』と名前を書き終わる前に、ネルは教室のうしろのかべをまっすぐに見て自己紹介した。

　かたの上でまっすぐにととのえられた髪は、少し緑がかって見える。ととのった顔立ちとあまりに堂々とした立ちすがたに、クラスメイトは静まり返った。ネルは自分の名前が書かれた黒板をちらりと見やり、淡々と話を続けている。

「好きな教科は算数です。理由は、計算で確実に解答をみちびき出せるからです。きらいな教科は国語です。あいまいな表現に、なやむことが多いからです。転校の理由は父の転勤です。趣味はなぞ解きを作ること。ごあいさつの代わりに1問出題してもいい……。あ、話しすぎました。私の短所は話しすぎること、空気を読まないこと、あと小さいころの記憶がないこと」

　教室の一番前の席にすわっていたひろとは、となりの席のななみに、小さくなにかをつぶやいた。

学習日 ／

① ネルについて、□に当てはまる言葉を文章中から探して書こう。

ネルの好きな教科は ＿＿＿ で、きらいな教科は ＿＿＿ である。趣味は ＿＿＿ を作ること。

② ㋐――で、ひろととななみが気まずそうにしていたのはなぜ？ 理由を書こう。

＿＿＿

「なによ？」

ななみも、ひろとのほうに体を寄せて、小声で聞き返す。

「ずーっと真顔だよ。きげん悪いのかな？」

「ちょっと、聞こえるでしょ。あっ」

ネルの視線に気づいたななみは、体をまっすぐにもどして前を向いた。(ア)気まずそうにしているひろととななみをよそに、ネルはにっこりとほほ笑み、こう口にした。

「笑顔を、忘れていました」

「倉橋さん、問題を出してみてくれるかしら？　みんなも、やってみたいと思うの」

「はい」

笹原先生にうながされ、ネルは黒板のほうに向き直る。そして、すらすらとなぞ解きの問題を書き始めた。

↓なぞ解きⒶにチャレンジ

なぞ解きⒶ

マークをつないで

～ネルからの問題～

左のルールにしたがって同じマーク同士をつなぎなさい。

ルール

すべてのマスを1回ずつ通過する。
マークのあるマスは通れない。

←答えは16ページ

●				▲
		★		
	●			
	▲			
★	■			■

「楽しい問題をありがとう」

笹原先生が拍手をするとクラスメイトも次々と拍手を始めた。

「みんな仲よくしてね。倉橋さんの席は春田さんのうしろです」

手招きをするななみに、ネルはこくりとうなずき、静かに席につく。ホームルームを終えて、笹原先生は教室から出ていった。

「さっきはごめんね。私は春田ななみ。ななみって呼んでね。あなたのことは、ネルって呼んでいい？」

㋑「はい。ななみ。よろしくお願いします」

あっ、と気がついたように笑顔を作ったネルは、ペコリと頭を下げる。

「オレはひろと。ななみの幼なじみで、幼稚園からずっといっしょなんだ。ひろとって呼んで。あ、ネル、さっきは短所ばっかり言ってたけど、長所も教えてよ」

ひろとの質問に、迷うことなくネルは答えた。

「人の話をよく聞くこと。人がいやがることを、いやがらずにできること。あきらめないこと」

「すごいね。オレはむりだな～。うん、どれもむりかも」

ひろとの自己分析に、ななみが大きくうなずいていると、クラスのお調子者の男子3人が来て、ネルをからかい始めた。

「おまえさ～、なんか変わってるって言われない～？」

③

㋑——で、ネルが気がついたことはなに？ 合うものを選び、記号に○をつけよう。

- Ⓐ目の前にいる女の子の名前は「ななみ」だ、ということ。
- Ⓑ「ななみ」のとなりに、もう一人男の子がいた、ということ。
- Ⓒだれかと話すときは、笑顔を作ったほうがよい、ということ。

なぞ解きⒷ

～ネルからの問題～

おかしとジュース

おかし1個とジュース1本を210円で購入した。ジュースはおかしより120円高い。おかしの値段はいくら？

ななみが追いはらおうと立ち上がったそのとき、ネルは机にすわった男子の目をまっすぐに見すえ、きっぱりと言いはなった。

「机にすわられるのは、こまります」

そう言うとネルはにっこりとほほ笑み、すぐに真顔にもどる。

「なんだよ、本当に変なやつだな……」

男子たちは引きつった笑いをうかべながら、はなれていった。

「なによ、失礼ね！　ネル、気にしないでね」

「まちがえました」

「え？」

「ああいうときは笑うのではなく、おこった顔をするのが正解……」

「あ、そのことか。いや、でもある意味正解じゃないか？　みんなビビってたし。ネルは余裕そうに見えたしさ」

「そうですか。それならよかったです」

「ところでさ、さっきの問題おもしろかった！　オレにもう1問出してくれない？」

「はい！　もちろん」

そう言うと、ネルはノートにサラサラと問題を書き始めた。

↓
なぞ解きB にチャレンジ

ヒント
おかしとジュースの値段の合計が、210円になるように左の表にあてはめて考えてみよう。

おかしの値段	65	60					
ジュースの値段	145	150					
値段の差	80	90					

合計が210円

←答えは16・17ページ

「う～、まちがえちゃったよ。でもおもしろいな」

「とつぜん『問題出して』なんて。タイミングおかしくない？」

「いいじゃないか。それに問題を出すことで、小さいころの記憶がもどるかもしれないだろ。」

ひろとはネルが書いてくれた答えを見ながら、再び問題について考え始めた。

「ねえ、ネル。前の学校で仲がよかった人ってどういう人？」

「一番よく話していたのは、栗城そうすけという人です。前の学校で同じクラスでした」

「男子!?……えっと、彼氏？」

「彼氏？……ああ、男女のおつきあいのことですね。いえ、ちがいます。友人です。ななみとひろとは、おつきあいをしているんですか？」

「まあ、そんなところかな～」

④ 左の文について、事実であることをすべて選び、記号に○をつけよう。

Ⓐ ひろとと、ななみは友人である。

Ⓑ ひろとは、ななみの彼氏である。

Ⓒ ひろとは、ななみの彼氏ではない。

Ⓓ ひろとと、そうすけは友人である。

Ⓔ ネルと、そうすけは友人である。

⑤ そうすけについて、□に当てはまる言葉を文章中から探して書こう。

そうすけは、
□と、
□が
とくいである。

ひろとが、ななみのほうをちらりと見ながら、いたずらっぽく答えると、ななみはするどい目をして否定した。

「かんちがいされるでしょ。そんなわけないじゃない」

「ハハハッ！　ちょっとくらい話を合わせてくれてもいいだろ。まじめなんだよなあ、ななみは。その、そうすけっていう人はどんな人なの？」

「ものごとの分析がとくいな人です。私が問題を出しても、たいていすんなり解かれてしまいます。私の短所や長所も、そうすけから教えてもらいました。なぞ解きを作るのも上手です」

「そうすけくんも問題を作るんだ！　ね、どんな問題？　なにか覚えているのはある？　オレ、まだ問題解きたいんだ」

ひろとはネルに、再び問題をさいそくした。

「好きねえ。ネル、出してあげる必要ないからね」

「なんだよ、ななみ。おまえだって興味津々じゃないか」

「覚えている問題ならたくさんありますよ。そうすけは、たとえばこんな問題を作ってくれました」

そう言うとネルは、再びノートに問題を書き始める。

「よし！　今度こそまちがえないぞ！」

ひろととななみは、問題を解き始めた。

↓ なぞ解きⒸにチャレンジ

なぞ解きⒸ

～ネルからの問題～

赤と青のタイル

赤と青のタイルを同じ数ずつ通ってスタートからゴールまで進みなさい。

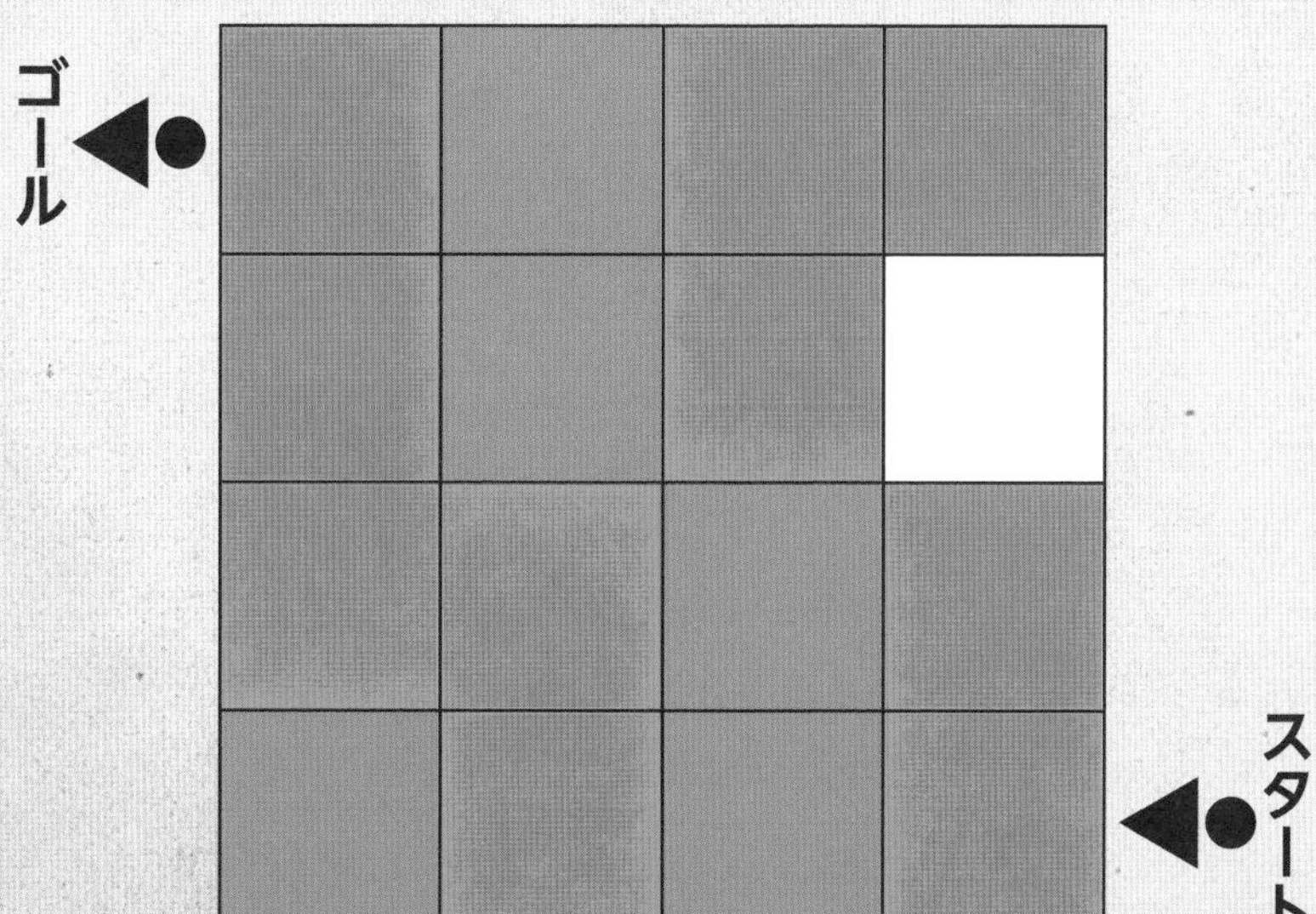

←答えは16・17ページ

1章 答えと解説

10ページ

① 算数・国語・なぞ解き

② 「きげん悪いのかな？」と言ったことを、ネル本人に聞かれてしまったから。

※内容が合っていれば正解です。

12ページ

③ C

14ページ

④ A・C・E

⑤ ものごとの分析・なぞ解きを作ること

解説

①10ページの9～12行目で、ネルが自分のことを話している。

②ひろとはネルに聞こえていないつもりで話していたが、11ページの5行目で、ネルがななみを見ていることから、二人の話の内容がネルに聞かれていたことがわかる。

③11ページの11行目から、ネルは、だれかと話すときに笑顔を作らなければならないと、思っていることがわかる。

④15ページの1～4行目から、Ⓑは事実でないことがわかる。また、14ページの13～15行目から、そうすけはネルが前にいた学校の生徒で、ひろととは会ったことがないとわかるので、Ⓓも事実ではない。

⑤15ページの7～9行目で、ネルがそうすけについて話している。

11ページ

なぞ解きⒶの答え

答え

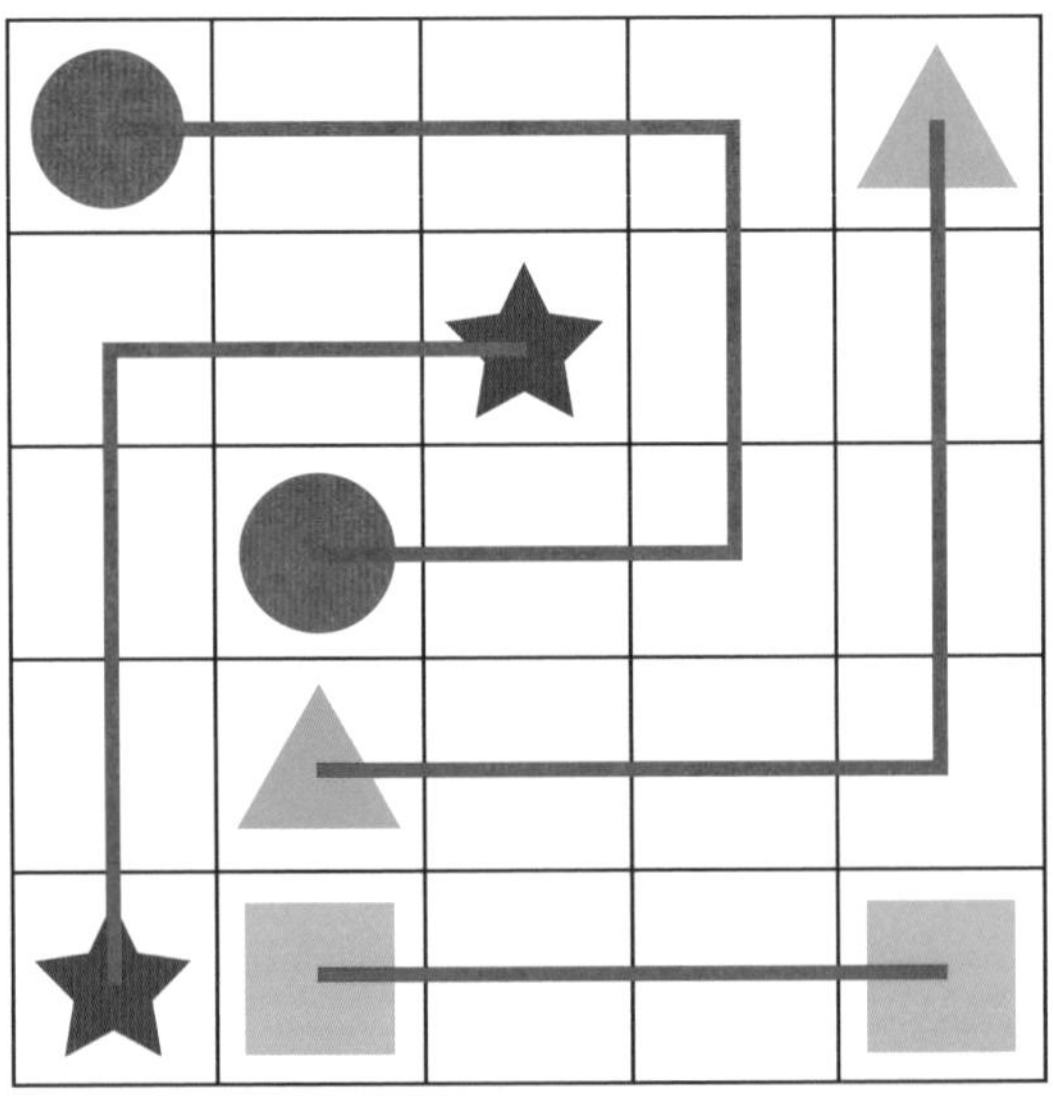

解説

すべてのマスを1回ずつ通過するということは、線と線が交わってはいけないということになる。右の図の場合は、●と●、★と★をつなぐ線が交わらないルートを考えることがポイント。

また、このタイプの問題は、まずは、遠くにあるもの同士から考えると、わかりやすい。

12〜13ページ なぞ解きⒷの答え

答え：45円

解説

210－120＝90　よって、おかしは90円。

上のように計算しがちだが、これではジュースが120円となり、その差は30円となってしまう。

おかしとジュースの値段の合計が210円になる表を作り、そこからおかしとジュースの値段の差が120円になる所を探すと、下のようになる。

おかしの値段	65	60	55	50	45	40	35
ジュースの値段	145	150	155	160	165	170	175
値段の差	80	90	100	110	120	130	140

差が120円

15ページ なぞ解きⒸの答え

答え

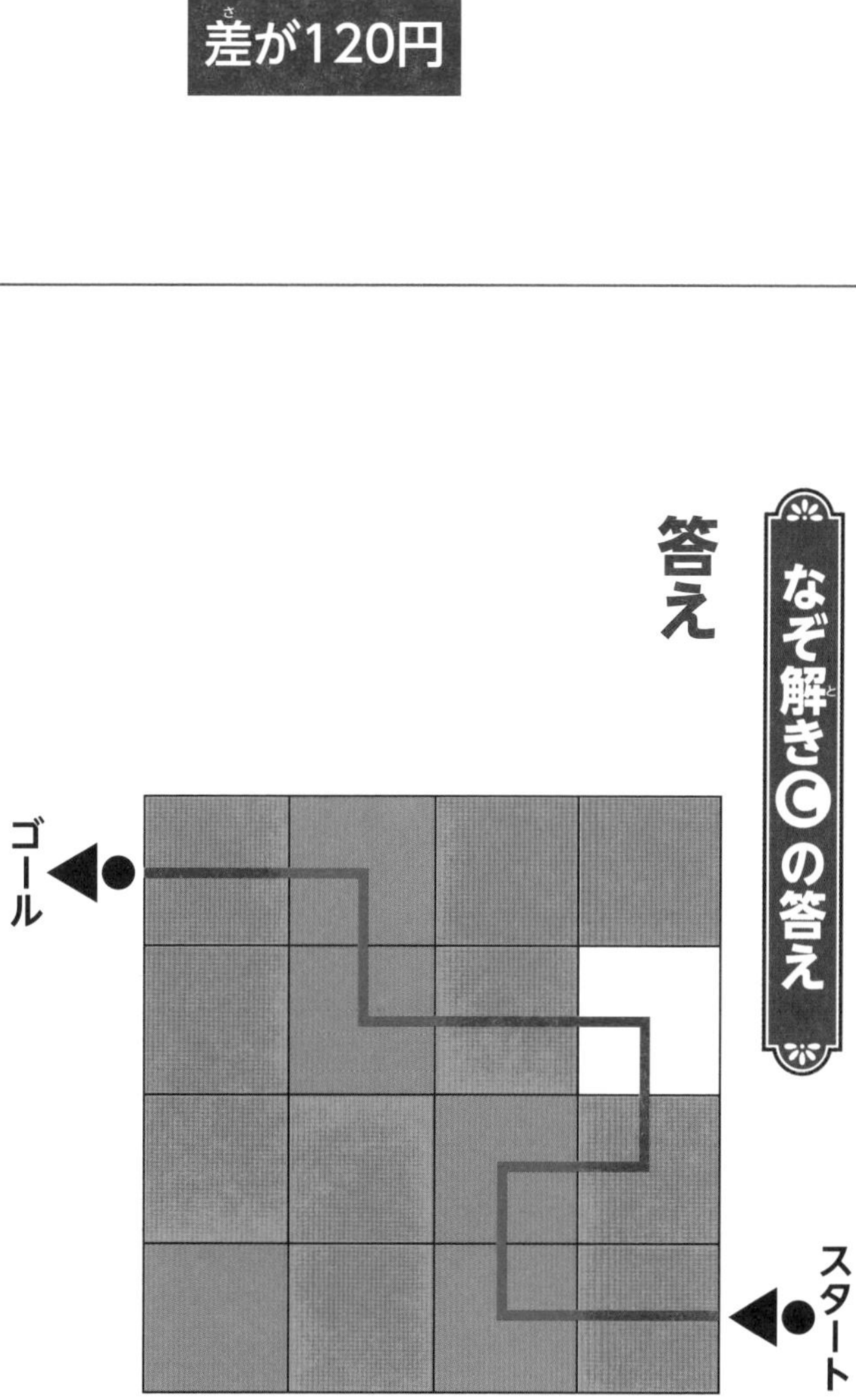

解説

スタートからゴールまで、どのルートをたどっても、7枚、9枚、11枚……と、2で割り切れない数のタイルを通ることになる。つまり、白いタイルを通らないと、赤と青のタイルが同じ数ずつにはならない。

また、スタート直後、ゴール直前が赤タイルであることから、なるべく青タイルを通過するルートを考えていくと、答えが見つかる。

1章 回想録

ネルのなぞ解きって
本当におもしろいよな！
あんなのがすらすら出せるってすごいよ！

そのネルの、問題をすんなり解いた
そうすけくんっていう人も、
きっと、ただものじゃないよね…

ああ、すげえ頭がいいやつっていうのは確かだな！
まあ、オレほどイケメンか
どうかはわからないけどっ♪

もう！　そのなぞの自信はどこからっ!?
ねえ、ネルどう思う？

こういうときは
おこった顔をするのが正解……
……で、合ってますよね？

2章 事件発生！

ネルが5年3組に転校してきてから、1週間。近寄りがたいふんいきに、最初は遠巻きにしていたクラスのみんなも、しだいにネルと言葉を交わすようになってきた。

中でも席が近いななみと、ひろとは、すっかりネルと打ち解けたようだ。

ひろとは、毎日あきもせず、ネルになぞ解きの問題を出してもらい、少しはなぞ解きのうでを上げたようだが……。

2章 事件発生！

「オレ、今日帰ったら、新しいゲームをやるんだ。ネルはゲームとかするの？」

金曜日の放課後、そうじを終えたひろとはランドセルに教科書をつめこんでいた。すると、クラスメイトのまりんが、教室に息を切らして走りこんできた。

「コーちゃんが！　コーちゃんがいない！」

「え？　コーちゃんが!?」

㋐ななみとクラスメイトたちは、顔色を変えて走り出した。ひろとはキョトンとしているネルに、説明を始めた。

「コーちゃんっていうのは、ニワトリなんだ。茶色いニワトリ。クラスで飼っていて、みんなでかわいがっててさ。特に女子たちなんて、もうすごくて。コーちゃんはクラスのアイドルなんだ」

「そのコーちゃんが、いなくなったのですか……もしかして」

「どうして、じゃなくて、もしかして？　なにか思い当たることがあるの？……いや、そんなわけないよな。学校に来たばっかりだし。とにかくさ、オレたちも行こうぜ！」

学習日　／

① ㋐――で、ななみたちは、どこに向かって走り出した？　合うものを選び、記号に○をつけよう。

Ⓐ 職員室
Ⓑ コーちゃんの小屋
Ⓒ 校舎の屋上

② ひろとたちのクラスのアイドルはだれ？　文章中から探して5文字で書こう。

「はい！」

ひろととネルがかけつけたときには、ニワトリがいなくなった小屋に、10人ほどのクラスメイトが集まっていた。

「見て、カギがこわされているの。だれかが連れ去ったのかしら？」

ななみはこわされたカギを、指さして見せた。その様子を見たネルは、周囲に視線をめぐらせながらこう言った。

「どこかに封筒が落ちていませんか？　黄色い封筒です……あっ、ありました！」

ネルは黄色い封筒を拾って、迷わず中を確認する。封筒から出てきた厚紙には、きみょうな絵のような問題が書かれていた。

「ニワトリを取りに来ないと、ニワトリがこうなるぞ……？」

ネルは、ひろとに厚紙をわたして言った。

「おそらく問題を解くことで、コーちゃんを取りもどせるはずです！」

↓なぞ解きⒶにチャレンジ

なぞ解きⒶ

～封筒の中の問題～

ニワトリがこうなるぞ！

左のピースを並べかえて文字を作りなさい。できた文字を、Zの順に読むと答えがわかるぞ。

←答えは28ページ

「やきとりだって！　食べるってことか⁉　ゆるせねえな！」

ひろとは思わず大きな声を上げた。

「パズルの答えに、コーちゃんを探すヒントはなさそうですね」

ネルは、ほかにヒントがないか探し始めた。

「ねえ、ネル、なにか知ってたの？　封筒が落ちているって知ってたし……。犯人はだれなのか、わかるの？」

ななみは、心配そうな顔でおずおずと聞いた。

「私が知っていることは、あとでお話しします。今はコーちゃんを取りもどしましょう。だいじょうぶ。取りもどせるはずです」

「取りもどせるはずって……どうやるの？　私たちだけでできるの？」

ネルはななみに向かってうなずくと、コーちゃんが連れ去られた場所の推理を始めた。

「みなさんに質問です。この近くに使われていない建物はありませんか？　建物がなければ、人気の少ない路地裏か神社か……」

「モリタビル！　すぐそこにあるよ」

ネルの話をさえぎるように、ひろとは大きな声で答えた。

「あのビル、入口のドアがこわれているんだ。だれでも入れるってこと！　だから、高校生くらいの不良たちが、よくたむろしてるんだよ。近づくなって言われてるけどな」

③ ㋑——で、モリタビルにたどり着いたのは、だれ？　左の中で当てはまる人を全員選び、名前に○をつけよう。

ひろと・ななみ
まりん・ネル

なぞ解きB

～扉に書かれていた問題～

カギとなるピースはどれ？

扉を開けるには、ドアノブにある円形のくぼみにピッタリ合う2枚のピースを探し出さなければいけない。どれとどれか答えなさい。

「すぐ近くにある使われていないビル……。人目につきにくいし、入ったところを見られても不良とまちがわれて目立たない。コーちゃんはきっとそこにいます！　案内してください！」

ひろとはうなずくと、かけ出した。ネルやまりんたちも続く。

「ちょっと、危ないって！　私は先生を呼んでから行くから！」

ななみの声に答えるように、ひろとは右手を大きくふり上げた。学校を出て少し走ると、(イ)一行はモリタビルにたどり着いた。ビルの中に入ると、一つの扉にこんな文章が書かれている。

『ようこそ。コーちゃんはこの中ですよ。入りたいなら、ピッタリ合うピースでカギを開けてください』

↓なぞ解きBにチャレンジ

←答えは28・29ページ

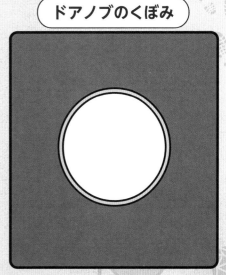

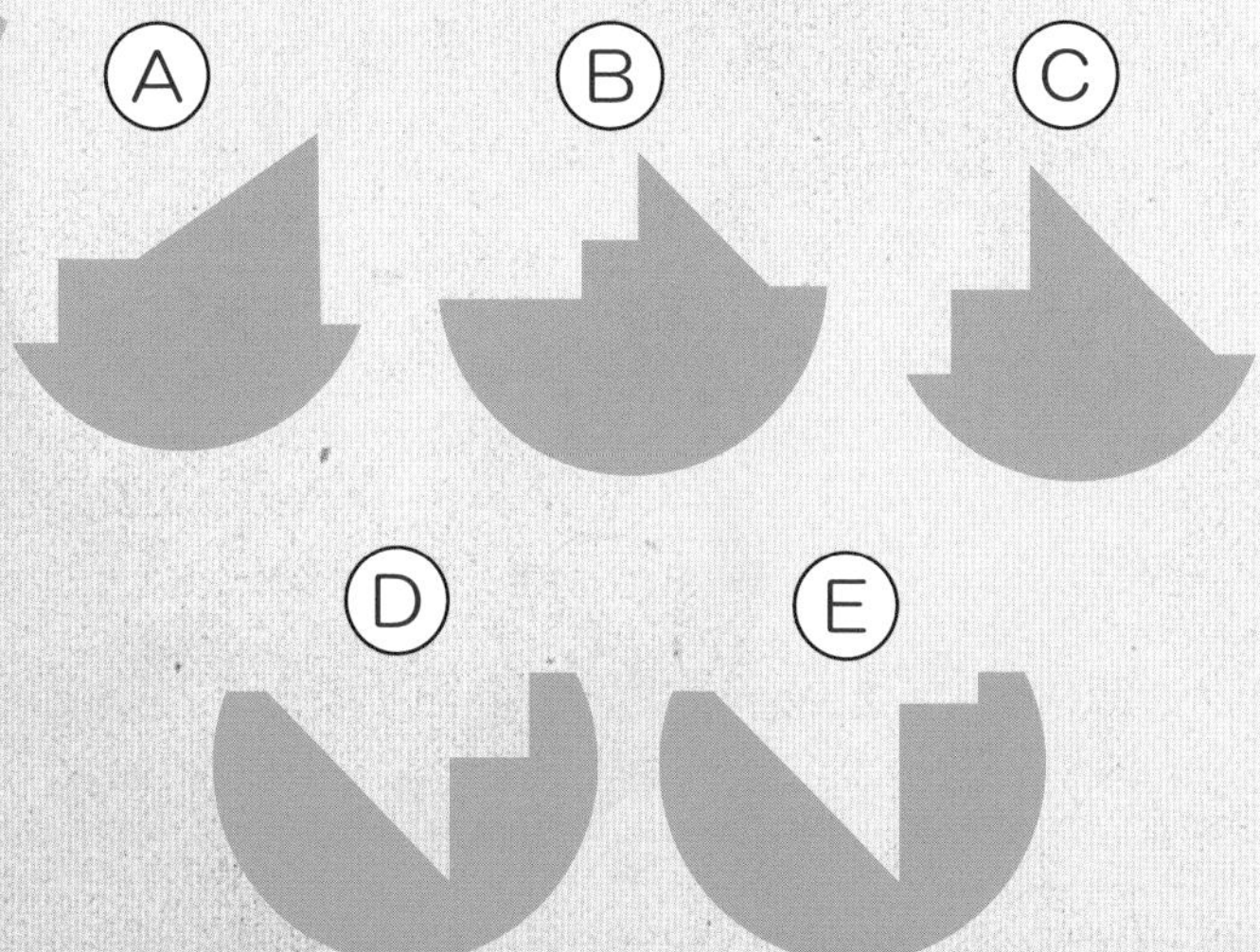

ドアノブのくぼみ

「こんなかんたんなカギでオレたちを追い返せると思ったか！」

　ひろとは、２つのピースをきっちりとドアノブのくぼみにはめこみ、いきおいよくドアを開けた。

「ひろと、すごいです！」

「まあな！」

　ひろとは、とくいげに鼻をこすった。

「入りましょう」

「おう！」

　ネルは少しもおびえることなく部屋に入っていく。ひろとやまりんたちも、あとに続いた。

　教室ほどもありそうな広い部屋には、大きなテーブルがいくつもおかれ、厚めのカー

④ 最初に部屋に入ったのはだれ？
□に名前を書こう。

⑤ 部屋の中にあったものを、５つ書き出そう。

テンは半分だけ閉められている。部屋のすみに積み重なったいすは、ほこりをかぶり、あちこちに紙コップやペットボトルが散乱している。

「けっこう広いんだな。会議室とかだったのかな？　それにしてもきたないな……」

ひろとは部屋のきたなさに、思わず顔をしかめた。

「こんなうす気味悪いところ、長くいたくないわ！　ねぇ、さっさとコーちゃんを探しましょうよ！」

まりんは、ひろとをせかすように言った。

「わかってるって！　きっとまた、どこかに問題があるんだろ？」

ひろとはテーブルの下をのぞきこんだり、カーテンをめくってみたりして、手がかりを探し始めた。静かにあたりを観察していたネルは、部屋のおくにある扉に向かってゆっくりと歩き出した。

「おくに、もう一部屋あるようですね。おそらくは物置に使うような部屋だと推察します。ここを見てください。また、扉になにか書かれていますね。問題を解けば扉が開くという、前回と同じしくみのようです」

「わかった。サクッと解いちまおうぜ！」

↓ なぞ解きⒸにチャレンジ

なぞ解きⒸ
～扉に書かれていた問題～
マークパズル

ルールにしたがって空いているマスにマークを入れて埋めなさい。

ルール

タテの列に同じマークは１つずつ。
ヨコの列に同じマークは１つずつ。

	●		■
★			
●			▲
	▲		★

← 答えは28・29ページ

「よし、今回も解けたぞ！」

そう言うと、ひろとはいきおいよくドアを開けた。

「ちょっと、いきなり開けないでっ！　こ、こわいわよ！　犯人がいたらどうするのっ」

まりんは、ひろとのうしろにかくれながら、ドアの向こうに目をやった。

ネルの考えたとおり、ここは物置部屋のようだ。折りたたまれたテーブルやホワイトボードなどが、先ほどの部屋とはちがってきれいに片づいておかれている。

「だれもいないぜ。そこの部屋とちがって、こっちはばっちり片づいてるんだな。うーん、コーちゃんはどこだろう……」

ひろとは、積まれたものをたおさないように、しんちょうに歩みを進めていく。少しおくに入ると、視界にカラフルな4つの箱が飛びこんできた。

「コーちゃんはこの中にいるの？　ねえ、どうすればいいの？」

ひろとのすぐうしろを歩いてきたまりんの声は、わずかにふるえている。

「まりん、落ち着けって。ネル、今度は箱が問題みたいだぜ？」

「どうやらこの4つの箱の中の1つに、コーちゃんがいるようで

6
4つの箱はどのようなしくみになっている？　□に当てはまる言葉を文章中から探して書こう。
開けてしまうと、□を
開かなくなるしくみ。□が

なぞ解きⒹ
～箱を開けるための問題～
ニワトリはどの箱？
ニワトリは左のⒶ～Ⓓのいずれかの箱に入っている。

3つの箱にはウソが書かれている。

1つだけ本当のことが書かれた箱があり、その中にニワトリが入っている。

ニワトリはどの箱に入っている？

すね。声は聞こえませんから、眠らされているのでしょう。早く助けてあげましょう」

「へへっ、よし、コーちゃん待ってろよ！　このひろとさまが、今助けてやるからな！」

「もう、なんでちょっと楽しそうなのよ！　先生を待たなくてだいじょうぶなの？　ねえ？」

まりんは、入ってきたドアをチラチラと見ているが、ななみはまだ、先生を連れてこのビルに来ていないようだ。

「ひろと、見てください。答え以外の箱を開けてしまうと、ほかの箱にロックがかかって、開かなくなるしくみのようです。しんちょうに問題を解きましょう」

「よっしゃ、まかせとけ」

↓**なぞ解きⒹ**にチャレンジ

ヒント

ニワトリはかならずどこかに入っているのだからCの箱には、ウソが書かれているとわかる。

Ⓐ ここにニワトリが入っているよ

Ⓑ Ⓐの箱にはニワトリは入っていないよ

Ⓒ どの箱にもニワトリは入っていないよ

Ⓓ Ⓑの箱にはウソが書かれているよ

←答えは28・29ページ

20ページ

① B

② コーちゃん

22ページ

③ ひろと・まりん・ネル

24ページ

④ ネル

⑤ (大きな)テーブル
(厚めの)カーテン
(積み重なった)いす
(散乱した)紙コップ
(散乱した)ペットボトル

26ページ

⑥ 答え以外の箱・ほかの箱

解説

①21ページの2〜3行目から、みんながニワトリ小屋に集まっていることがわかる。

②20ページの12行目で、ひろとが「コーちゃんはクラスのアイドルなんだ」と言っている。

③23ページの4行目から、ひろと・ネル・まりんがモリタビルに向かったことがわかる。ななみは、「先生を呼んでから行く」と言っているので、この時点ではモリタビルに着いていない。

④24ページの14〜17行目から、先にネルが、そのあとに、ひろととまりんが部屋に入ったことがわかる。

⑤24ページの18行目から25ページの3行目までに、部屋の様子がえがかれている。部屋にあると思われるものに線を引き、ちゃんと5つあるかどうか確認してから、解答欄に答えを書くとまちがいを防ぐことができる。

⑥27ページの14〜17行目に箱のしくみが説明されている。文章中から答えをぬき出して書く場合は、漢字やひらがな、カタカナなどの使い方も、文章と同じになるように、そのままぬき出して書こう。

21ページ

なぞ解きⒶの答え

答え：やきとり

きり
やと

解説

書かれている文字がひらがなであると、直感的にわかるかどうかがポイント。各ピースを移動させたときに、どんな形になるか想像力を働かせよう。

Zの順に読むというのは、Zを書くときのように、左上→右上→左下→右下と、順に視線を移動させて読むという意味。

22～23ページ

なぞ解きⒷの答え

答え：ⒸとⒹ

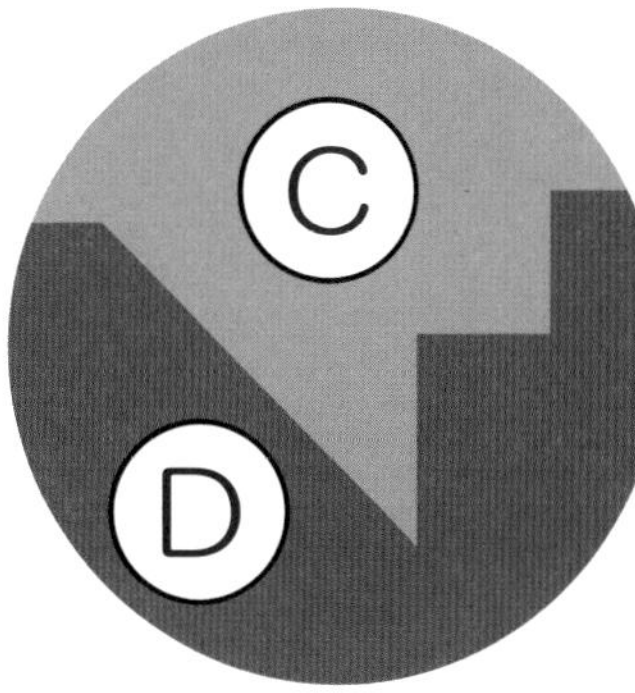

解説

すべてのピースの上半分が欠けていることから、答えとなる2枚のうち1枚は、ピースを180度回転させなければならない。

また、ⒶⒷⒸは中央がとび出していて、ⒹⒺは中央がへこんでいることから、ⒶⒷⒸのうち1枚と、ⒹⒺのうち1枚を選ぶことがわかる。あとは、でこぼこの形が合うものをしんちょうに選び出そう。

25ページ

なぞ解きⒸの答え

答え

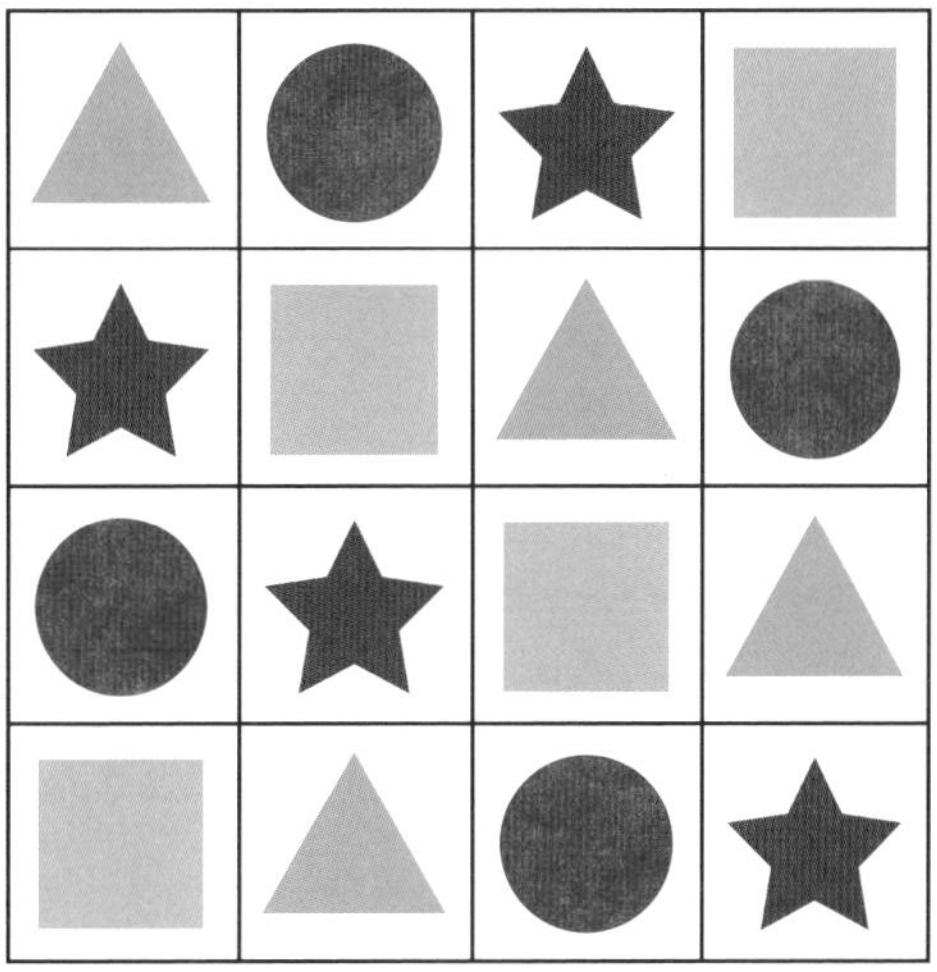

解説

1番右のタテの列は、4マスのうち、すでに3マスが埋まっているので、空いているマスに●が入ることがわかる。そうすると、●が全体で3個になるので、残りの●は、1番下の列の右から2マス目に入るとわかる。同じように、残りも1つずつ埋めていこう。

26～27ページ

なぞ解きⒹの答え

答え：Ⓑの箱

解説

まず、ヒントから、Ⓒの箱にはウソが書かれているとわかる。つまり、Ⓒの箱にニワトリは入っていない。

もし、Ⓐだけが本当なら、ⒷとⒹに書かれた文章はウソであるはずである。しかし、Ⓓの箱には、Ⓑの箱に書かれた文章がウソであると書かれている。たしかにⒷに書かれた文章はウソなので、Ⓓの箱に書かれた文章が本当となってしまう。これでは本当がⒶⒹの2つになるので、おかしい。

もし、Ⓑにニワトリが入っているなら、たしかにⒶに書かれた文章はウソになる。さらに、Ⓓに書かれた文章も、ウソになる。

ニワトリが入っているⒷだけに本当のことが書かれているので、これが正解だとわかる。

2章 回想録

ぶじにコーちゃんを
助け出せて本当によかった！

ああ、やきとりになって
見つかったらどうしようかと
思ったよ！

ちょっと、変なこと言わないでよ！
コーちゃんは5年3組の
アイドルなんだからねっ！

わかってるって！
だから、このオレさまがみごとに
助け出してやったんだろ。
でも一体、だれのしわざなんだろう……

う〜ん、なんだかネルには
心当たりがあるみたいだったけど……

3章 ふしぎな先生

ひろと、ネル、まりんは、みごとに問題を解き、薬で眠らされていたコーちゃんを、箱の中から救い出すことに成功した。

「不気味なモリタビルに果敢に乗りこみ、次々に難問をクリアしてコーちゃんを助けたらしい！」

と、ひろとたちのことは、たちまち学校中のうわさになった。

そのかつやくは、生徒だけでなく、先生たちのあいだでも、うわさになっていたようだった。

3章 ふしぎな先生

コーちゃん救出の話は、すぐに学校中に広まった。ひろとはちょっとしたヒーロー気分だ。

「ニワトリがぶじでよかったな。でも、なんだったんだろう。ドアを改造して開かないようにするとか……。問題が解けたら開くとか、いったいどうやってるんだろう？」

ひろとはふしぎな体験を、ワクワクと思い返していた。

「今回はぶじだったからよかったけど、先生が来るまでどうして待てなかったのよ！　急いで来てもらったら、もうコーちゃんをだいて出てくるんだもん、先走りすぎなのよ、ひろとは！」

ひろととは反対に、ななみはけわしい顔をしている。そして、ななみのうしろの席でネルはうつむいていた。

「すみません。私、心当たりがあって……」

学習日　／

① ネルが前にいた学校で、ぬすまれたものを2つ書き出そう。

② ア——の、「さながら」の意味に合うものを選び、記号に○をつけよう。

Ⓐ 大げさ
Ⓑ そっくり
Ⓒ ぴったり
Ⓓ あこがれ

「そういえばなにか知ってるみたいだったもんな？　前にも、ああいうことがあったのか？」

「ええ。前の学校にいたとき、1か月くらい前でしょうか。ウサギがぬすまれる事件がありました。そのときと今回と、パターンがよく似ているんです。その前にも、学校で使っているドローンがぬすまれて……。ほかにもあります」

「前の学校って、ここから電車で2時間くらいかかるんでしょう？　どうしてこっちまで来たのかしら」

ななみの疑問に、ひろとは名探偵㋐さながらのポーズで答える。

「ネルを追ってきたんじゃないか？　もしかしたらこの学校にすでにスパイが入りこんでいて……」

「ちょっと、おもしろそうにこわい話をしないでよ！」

すると、まりんが話しかけてきた。

「ねえ、3人とも、いっしょに行かない？　校庭で、臨時の先生がおもしろい話をしてるんだって！　私たちも行こうよ！」

4人が校庭に行くと、特別講師の札を首から下げた一人の男性が、おおぜいの生徒たちが集まる前で話をしていた。かたにかかる長髪に、ととのえられたヒゲが、いかにも専門家といった風情だ。

「……たとえばだ。こんな問題が解けるかな？」

↓なぞ解きⒶにチャレンジ

なぞ解きⒶ　～特別講師からの問題～

三角数字パズル

左の15個の○には、1～15の数が1つずつ入る。空いている○に数を入れなさい。

ルール

左上の○の数より大きく、右上の○の数より小さな数が、すぐ下の○に入る。

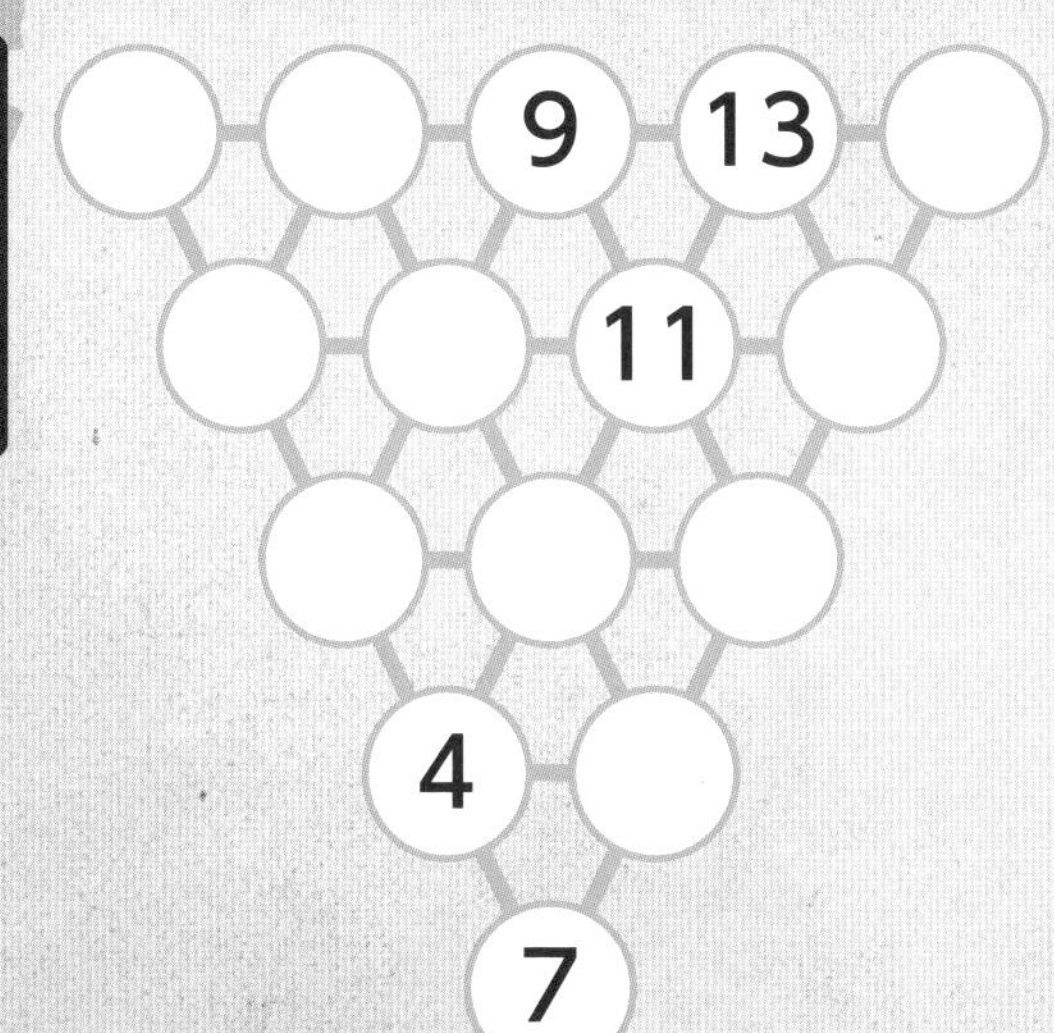

←答えは40ページ

頭をひねる生徒たちを見て、特別講師は、話を続けた。

「解けた人も解けなかった人もいるな。まあまあ、解けなかった人は落ちこむ必要はない。なぜなら、きみたちの未来はAIが大かつやくをするのだから。それは人が、がんばって【みずから学習して、仕事をするAI】を作ったからなんだよ。あとはAIたちが、がんばってくれるのだから、きみたちは楽をしていいんだ。AIにまかせておけば遊んで暮らせる未来がそこにある。だから、こんな問題が解けなくたって心配する必要はない」

生徒たちは熱心に耳をかたむけ、口々にこんな話をしている。

「そうなんだ。AIってすごいのね！」

「それを作った人たちが、もっとすごいんだよ！　もう、あとはAIにまかせればいいなんて、つまらない勉強なんて、しなくてもいいかもなあ」

ひろとは感心するみんなの様子と、淡々と話し続ける特別講師を見て、胸がざわざわとした。

③ 特別講師は、AIにまかせておけばどんな未来になると言っている？　文章中からぬき出して□に書こう。

□

④ ㋑――で、ななみが、ひろとのかたをたたいたのは、なぜ？　合うものを選び、記号に○をつけよう。

Ⓐ 話を聞いていないひろとに、腹がたったため。

Ⓑ ひろとの話をさえぎるため。

Ⓒ いっしょに教室にもどろうと、うながすため。

「うーん……。そんなに楽なんてしたくないけどな」

だまって話を聞いていたななみは、ネルの様子がおかしいことに気がついた。

「ネル、どうしたの？」

「わからないんです。それもまったく」

「さっきの問題？　ネルならすぐにわかりそうだけど……」

「なんだか全然、考えられなくて。私、あの先生、なんだか苦手です。教室にもどりますね」

「わ、わかった。いっしょにもどりましょう」

イ

ななみはひろとのかたを、トンとたたいた。

「ネル、具合が悪いのか。だいじょうぶ？」

3人は教室に向かって歩き出す。

「先生が苦手で具合が悪い？　そんなことってあるのか？　まあ、オレも好きなタイプじゃないけど！」

「ひろとの好みは聞いてないから、もう」

ななみはネルを気づかいながら、ゆっくり教室にもどった。3人が教室に入ると、生徒たちが黒板のまわりに集まっている。

「なにをやってるんだ？」

「ああ、ひろと、この問題見ろよ。わかるか？」

↓なぞ解きBにチャレンジ

なぞ解きB

～黒板に書かれていた問題～

一筆書き

一筆書きで左の絵を書きなさい。一筆書きとはすべての線を一度だけ通って、一本の線で書ききること。線が交わったり、接したりしてもかまわない。

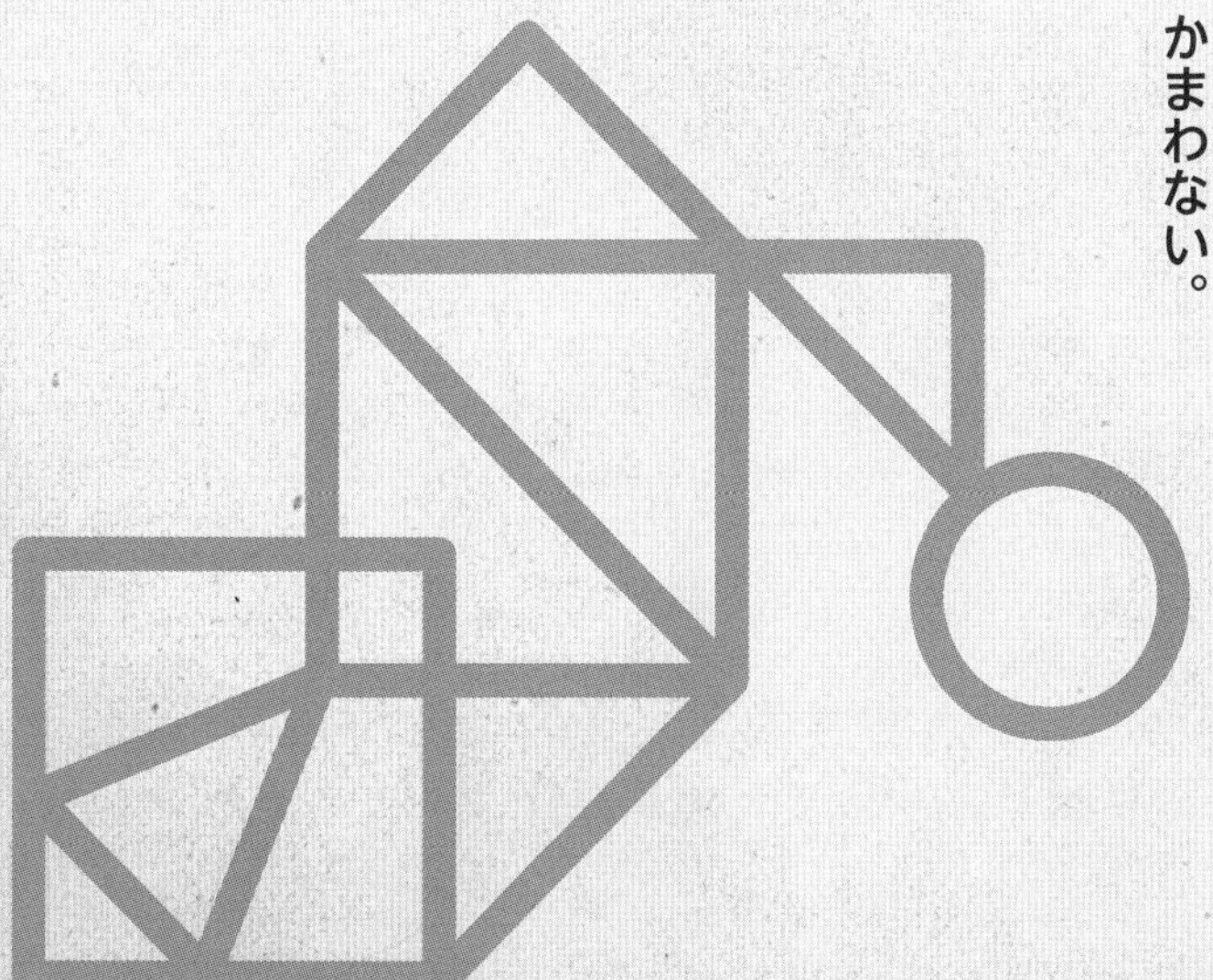

←答えは40・41ページ

授業開始を伝えるベルの音とともに、先ほどまで校庭で話していた特別講師が教室に入ってきた。

「私は大道寺小吾郎。では特別授業を始めよう。ところで黒板の問題は解けたかな？　ええと、倉橋さん、どうかな？」

「はい。解けました。答えはこうです」

ネルは、紙に書いてあった一筆書きを見せた。

「すばらしい。正解だ。ここからこうやって、こうだね」

大道寺先生は、黒板に正解を書いた。

「さて、今日の授業は、ＡＩと人がテーマだ」

大道寺先生は、まったく同じ２つのペンを取り出した。

「ええと……、光本まりんさん、前に出てきて。さて、どちらのペンが欲しいと思う？　きみは少しでもみりょく的なペンが欲しいと思っているとする。さて、どちらを手に取るかな？」

まりんは前に出て、ペンをじろじろ見比べた。

「どちらもまったく同じに見え

⑤ まりんは、左側のペンを、右側のペンよりみりょく的だと思ったかな？　はい、いいえのどちらか、合うものを選び、○をつけよう。

はい・いいえ

なぞ解きⒸ

～大道寺先生からの問題～

カードをめくって確かめよ！

カードはすべて、表にマークが裏に数字がかかれている。

カードにはルールがあり、今『「♥」の裏はかならず「2」である』ことを確かめたいとする。

左の4枚のカードのうち、2枚のカードだけをめくってこのルールを確かめることができる。

どのカードをめくって確かめる？

ます。だからみりょくもまったく同じです」

大道寺先生はうっすらと笑みをうかべたまま、だまってまりんを見ている。

「ええっと……じゃあ、こっちで！」

まりんは左側にあったペンを手に取った。

「なるほど、なぜ左側のペンを選んだのかな？」

「どっちでもいいからです。なんとなく手に取りました」

「ふむ。そうだろうね。では、席にもどって」

まりんはペンをもどして、席にもどった。

「どちらでもいいから、適当に手に取る。これは実はすごいことなんだよ。AIをはじめ、機械はプログラムで動いているから、『どっちでもいいよ』と言われても『どっちなのか指示してよ』となってしまう。『なんとなく』なんて意味がわからないのだ。こんなふうに話すと、AIってだめなんじゃないの？　と思うかもしれない。でも、そうではない。AIなどの機械は、きみたちが時間をかけて解いたり、まちがえたりしてしまう計算問題を、一瞬にして正確に解いてしまう。きみたちのように頭がつかれてミスをしてしまう、なんていうことは、ぜったいにない。ではここで、こんな問題を解いてみようか」

↓**なぞ解きⒸ**にチャレンジ

ルール

「♥」の裏はかならず「2」である。

ヒント

「♥」と「2」を確かめればいいように思えるが、本当にそうなのか、調べてみよう。

←答えは40・41ページ

「うん。まちがえてしまった人が多いね。でも、答えがわかれば理解できるだろう。あいまいな選択をすぐにできてしまう一方で、まちがったまま思いこんでしまったり、かんちがいでありえないようなミスをしてしまったりするのが人間なのだ。AIにはそのようなミスはない。人とAIのちがい、おもしろいだろう？」

大道寺先生は、今度は黒板にゆがんだ円をかいた。

「これは湖だ。たくさんの魚と5人の漁師がいる。5人が欲しいだけ魚をとり続けたら、10年もしたら湖の魚はいなくなってしまうだろう」

すると、ひろとは元気よく手を上げた。

「先生！　話し合って決まりを作ればいいと思います！」

「そのとおりだ。しかし、Aさん以外の4人がズルをして、決まりより多くとっていることがわかったとしよう。Aさんはどうすればいい？　かれらは指摘しても、ズルなんてしていないという。ぜったいにみとめないし、やめようともしないんだ」

「えっ、Aさん以外のみんながズルをしている？　それならAさんもズルをしないと、一人だけ損をしてしまうってことじゃないか。でもそれをやったら10年後には……」

ひろとは、頭をかかえてしまった。

「もし5人がAIなら、自分の未来までの利益を計算し、一番と

⑥ ウ――で、AIが決まりを守るのはなぜ？　□に当てはまる言葉を文章中から探して書こう。

計算したとき［　　　］を［　　　］方法だから。

なぞ解きD

～大道寺先生からの問題～

ひろとへのメッセージ

A～Iには、それぞれことなる文字が入る。「きみへのメッセージ」はなんと書いてある？

きみへのメッセージ

I F A゛ D C E I

くな方法として、[ウ]決まりを守る選択をする。全員がその選択をするのだから、問題は起きやしない。人間は、目先の利益を未来の利益よりずっと大きく見てしまう生きものなんだ。だから、ズルを考えてしまう」

授業が終わり、ひろとは黒板の円を見ながらつぶやいた。

「AIは計算できることは正しく選べるけれど、感情が必要な選択はできないっていうことか。じゃあ、どうすればいいんだろう？」

「朝永さん、きみはこういう話が好きなんだね」

「大道寺先生。はい。なぞ解きみたいなの、おもしろくて！」

「なるほど」

そう言うと、大道寺先生は手に持ったファイルから1枚の紙を取り出し、ひろとにわたした。

「これを、ぜひ解いてみてほしい。おもしろい答えになるぞ」

「はい！　ありがとうございます。早速やってみます！」

大道寺先生はひろとの返事に満足そうにうなずくと、教室から出ていった。

ひろとはわたされた問題に視線を落とすと、鉛筆をにぎりしめ挑戦を始めた。

↓**なぞ解きD**にチャレンジ

ヒント
同じアルファベットには同じ文字が入る。
下の言葉をヒントに考えてみよう。

E I C゛D
移動に使う

E G ― A゜D
食べもの

A D E F
布でできている

ミ B A゛F
甘いものを作る

A゛B C
生きもの

H D ト゛H E I
学校の行事

←答えは40・42ページ

3章 答えと解説

32ページ

① ウサギ・ドローン

② B

34ページ

③ 遊んで暮らせる未来

④ C

36ページ

⑤ いいえ

38ページ

⑥ 自分の未来までの利益・一番とくな

解説

①33ページの3〜6行目で、ネルがぬすまれたものについて話している。

②「さながら」は、非常によく似ているようすをあらわし、まるで、そっくり、そのままという意味である。

③34ページの12行目をぬき出して書こう。「どんな未来?」と聞かれているので、「未来」について書かれているところを探してみよう。

④35ページの12行目を見ると、ななみが、ひろとのかたをたたいて合図をしたことで、3人がいっしょに教室に向かって歩き出したことがわかる。

⑤37ページの1行目と、7行目から、まりんが、2つのペンのみりょくは同じだと思っていることがわかる。

⑥㋒——の直前に、その理由が書かれている。「計算」「方法」など、解答の言葉と同じ言葉を文中から探し出し、解答欄になにを書けばよいのか、しんちょうに考えよう。

33ページ

なぞ解きⒶの答え

答え

解説

まずは、この○から考えよう。左上に13が入っているので、ここに入れることができるのは14か15だけだとわかる。右上には、ここより大きな数を入れなければならないので、右上に15、この○には14が入るとわかる。ほかの○も、同じように埋めていこう。

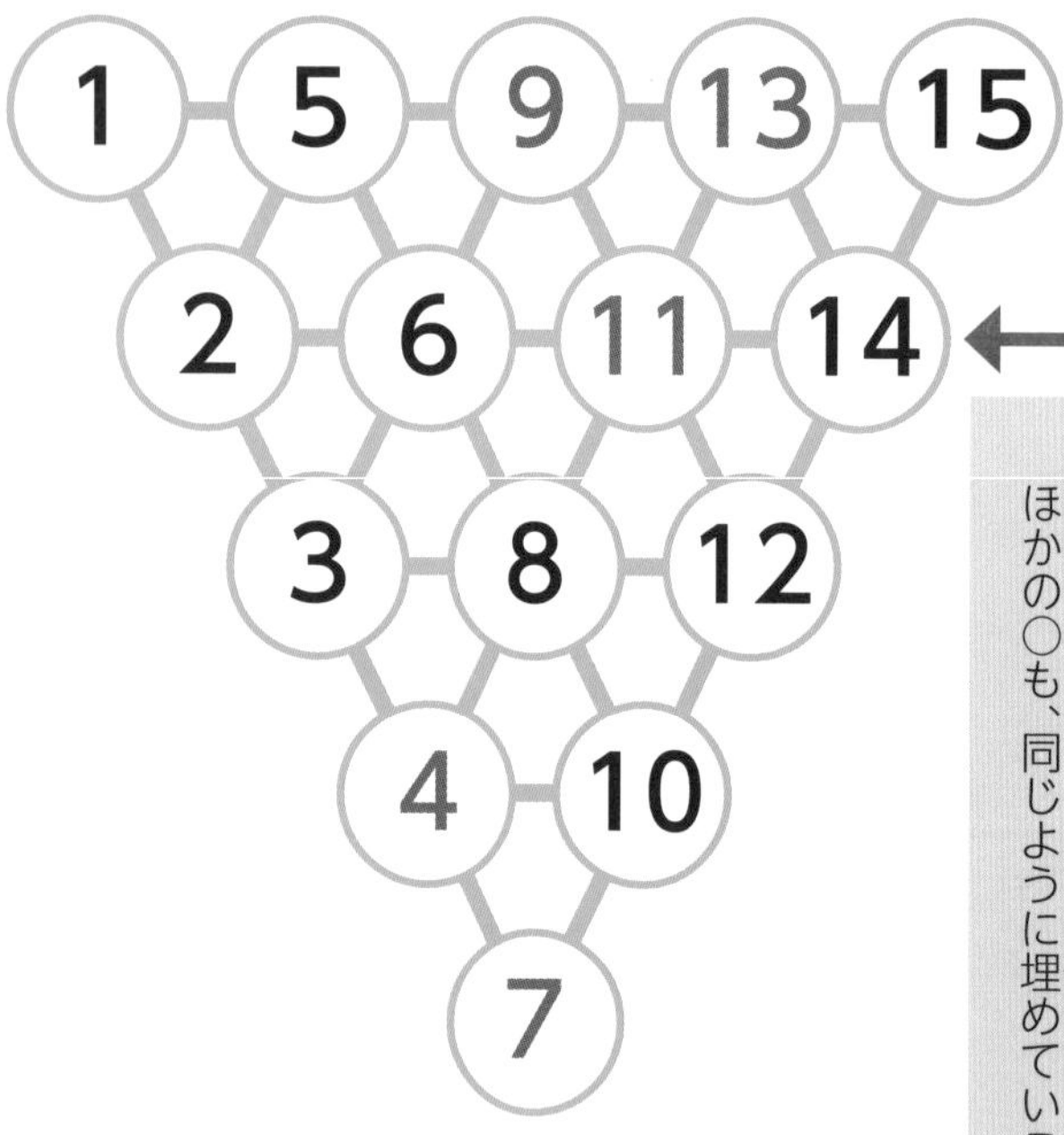

35ページ

なぞ解きⒷの答え

答えの例

解説

始点と終点は、それぞれ●のどちらかにする必要がある。

とちゅうのルートはいろいろな書き方があるが、どのような書き方でも、始点から終点まで、1本の線で書ききることができればよい。色々なルートを探してみよう。

37ページ

なぞ解きⒸの答え

答え：「5」と「♥」をめくって確かめる。

解説

まず「♥」は、調べる必要がある。なぜなら「♥」の裏が「2」以外だった場合、ルールに反するからである。

つぎに「2」について考えてみよう。ルールでは、『「♥」の裏はかならず「2」である』とあるが、「2」の表についてはなにも書いていない。つまり、「2」の表が「♠」であったとしても「♥」の裏が「2」であればよいのである。ここから「2」の表は、なんでもよいとわかる。

つぎに「☆」を考えよう。「☆」の裏が「2」であっても問題ないし、ほかの数字でもルールに反することはない。よって「☆」は調べる必要はない。

最後に「5」を考えよう。もし「5」の表が「♥」だったらどうだろうか。「♥」の裏はかならず「2」なのだから、ルールに反してしまう。「5」の表が「♥」でないことは確かめなければならない。

このことから、「♥」と「5」をめくって確かめるのが正解だとわかる。

38〜39ページ

なぞ解きⒹの答え

答え：イチバンタカイ

解説
濁点や半濁点をヒントに考えよう。特に半濁点「゜」はハ行にしかつかないので、「゜」がついた文字から埋めていくとわかりやすい。

イチバンタカイ

カイダン
移動に使う

カレーパン
食べもの

ハンカチ
布でできている

ミツバチ
甘いものを作る

バッタ
生きもの

ウンドウカイ
学校の行事

A……ハ　B……ツ　C……タ　D……ン　E……カ
F……チ　G……レ　H……ウ　I……イ

3章 回想録

大道寺先生がくれた問題の答えは
「イチバンタカイ」か……。
おもしろい答えになるって言ってたけど
なにがおもしろいのかさっぱりわからないや

なんだかふしぎな先生だったね。
まったく同じペンを出して、「どっちがいい？」
なんて聞かれても、わかんないよ

でも、まりんは、1本を手に取った。
「なんとなく」で判断できるのが
人間のすごいところだって
大道寺先生は言ってたけど……

4章

学校に爆弾!?

棗小学校にやってきた特別講師、大道寺小吾郎は、2～3日学校にいたようだが、いつのまにかすがたが見えなくなり、ひろとは問題の答えについて聞けないままになっていた。

湖と漁師の問題についても、どうすればいいのか明確な答えは出せないままだ。

けれども来月の音楽発表会の準備のためにあわただしい日々を送るうち、いつしか、大道寺小吾郎のことを思い出すものはなくなっていた。

4章 学校に爆弾!?

ある日の放課後、ひろととななみが学校を出ると、見知らぬ男の子がネルに近づいていくのが見えた。制服を着ているが、どこの学校の制服なのか、わからない。

「もしかして、ネルが前にいた学校の生徒かしら？」

二人がかけよると、男の子はネルにふしぎな話を始めた。

「ネルからあずかっていたタブレット、ようやくパスワードがわかって、起動に成功したんだ。それでタブレットの中を調べようとしたら、とつぜん「ネルの学校に爆弾がしかけられた」っていうメッセージが届いて……」

「爆弾……？　そうすけは、それでここに来てくれたんですね」

「そうだよ。爆弾がしかけられた場所は、全部で3つらしい。さっ

学習日 ／

① 学校にしかけられた爆弾は、全部で何個？　□に数字を書こう。

□個

② ㋐——で、先生たちが、こう言った本当の理由はなに？　合うものを選び、記号に○をつけよう。

Ⓐ そうすけの話を信じていなかったから。

Ⓑ ほかの生徒を心配させたくなかったから。

Ⓒ ほかの仕事で忙しかったから。

き職員室で先生たちにも話したけど、㋐混乱してしまうからほかの生徒には言わないで、と言われたよ」

そう言うと、そうすけはこまった顔をしてこう続けた。

「……というか、信じてもらえなかったんだ。とつぜん他校の生徒がおかしなタブレットを持ってきて、爆弾がしかけられているなんて言っても、まあ、ふつうは信じられないよね」

「それなら、1個目を見つければいいんじゃない？」

いつのまにか話に加わっていたひろととななみは、そうすけの話をすっかり信じたようだ。

「そうすれば、先生たちだって信じてくれるはずよ。4人で分かれて探しましょう！」

ななみがそう言い終わるや否や、ひろとが校舎の上を指さした。

「1か所は、たぶん屋上だ！　今わかった。大道寺先生のパズルの答えはこれを表していたんだ！　まちがいないよ、みんなで行こう」

「パズルの答え？　屋上？　なにを言ってるの？」

動揺するななみに、ひろとは自信満々にさけんだ。

「本当の答えは、屋上にある！」

3人はうなずくと、屋上に向けて走り出した。屋上にあったのは、やはり爆弾ケースだった。

↓ **なぞ解きⒶ** にチャレンジ

なぞ解きⒶ

～爆弾ケースにあった問題～

ケースのダイヤル

爆弾ケースに南京錠がついている。南京錠は4つのダイヤルすべてに、それぞれ0～9の数字が刻まれていて、番号を正しく合わせれば開けることができる。左のヒントを見てダイヤルの数字を答えなさい。

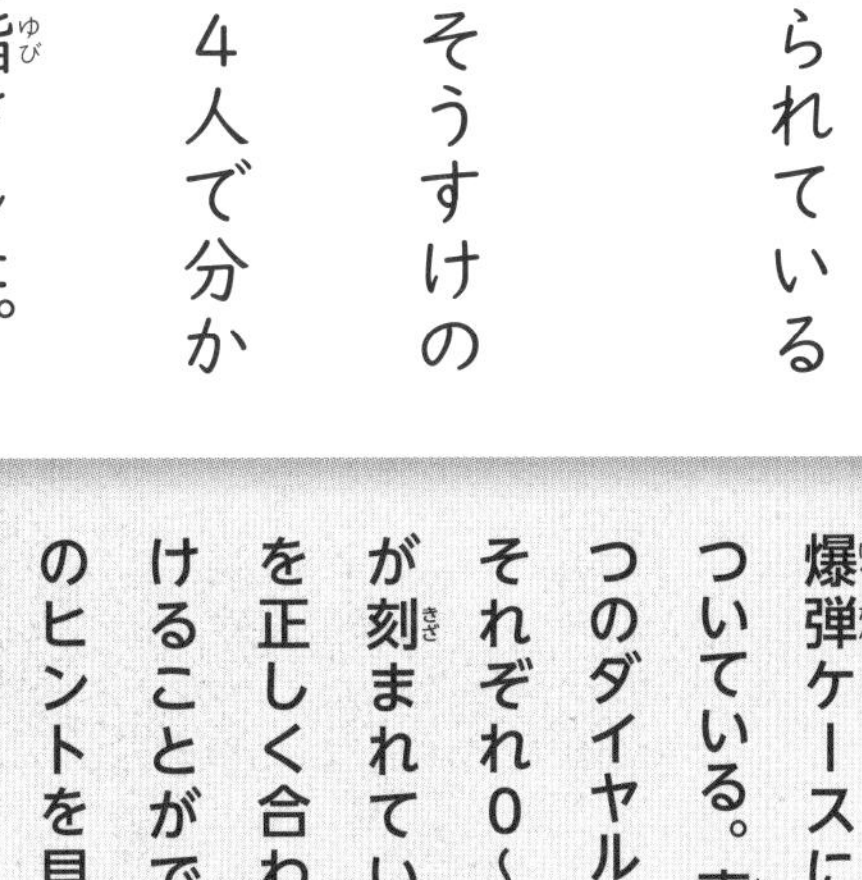

ヒント

① Ⓑの数と、Ⓓの数をたすと5になる。

② 右の2つの数を入れかえると、4けたの数は45小さくなる。

③ Ⓒの数は3で割り切れる。

④ Ⓑの数に6をたすと、Ⓐの数になる。

←答えは52ページ

そうすけはケースの中身を調べると、みんなにたずねた。

「中身はやはり爆弾らしいな。どうする？　また、なぞ解きがありそうだけど、先生に知らせてからのほうがいいかな？」

ななみは、ふしぎでたまらないという顔でひろとを見た。

「ひろと、なんで爆弾が屋上にあるってわかったのよ？」

「犯人は大道寺先生だよ！　爆弾の位置を知っていた。なぞ解きの答えどおりの場所に、このケースがあったんだ。なんでわざわざオレに知らせたのか、わからないけど。でも、そうすけが持っているタブレットも、爆弾の場所を知っているかもしれない。いったいそのタブレットは？」

そうすけは、ちらりとネルを見て顔をくもらせた。

「ネル、話していい？」

「私から話します。そのタブレットは私が持っていたものなんですが、記憶がないのでなぜ持っていたのかはわかりません。私は施設から今の両親に引き取られたのですが、両親は私といっしょにタブレットも引き取ったそうです。施設からは『小さな女の子が、タブレットといっしょに施設の前におかれていた』と聞かされたそうです」

ひろとは、タブレットの元の持ち主を推測した。

「ということは、ネルの本当の両親のものなのか？　だとしたら爆弾をしかけたのは……。いや、だとしたらなんの目的で……？」

③ ㋑――で、そうすけが、なんとかできると思ったのはなぜ？　合うものを選び、記号に○をつけよう。

Ⓐつぎの問題が見つかったから。

Ⓑ爆弾のタイマーを停止できたから。

Ⓒタブレットの元の持ち主がわかったから。

なぞ解きⒷ

～爆弾ケースにあった問題～

4色のボタン

4つのボタンのうち1つを押すと、爆弾のタイマーを停止させることができる。

Ⓐ～Ⓓの言葉を見て赤、青、白、黒のうち、どのボタンを押せばよいか答えなさい。

ただし、Ⓐ～Ⓓに書かれた言葉は、

「先生たちがこのことを知ったら、ネルがあやしまれるかも……」
ななみはネルを心配そうに見ている。するとネルは、なにかを感じ取ったかのように話し出した。
「この爆弾、私たちでなんとかしたいです。そのほうがいいと思うのです。なにか私、知っているような気がする……。なぜと言われると、説明はむずかしいのですが……」
(イ)「なんとかできると思うよ」
ずっとケースを調べていたそうすけが言った。そして、つぎの問題が書かれた紙を取り出してみせた。
「よし！　オレたちで学校を救おうぜ！」

↓ **なぞ解きB** にチャレンジ

4枚ともすべてに、ウソと本当のことが1つずつ書かれている。

ヒント
Ⓑと Ⓓに、注目してみよう。

Ⓐ
- 黒が正解
- 赤は正解ではない

Ⓑ
- 青が正解です
- 白が正解です

Ⓒ
- 赤は正解!
- 青は正解ではない

Ⓓ
- 白は正解ではない
- 黒は正解ではない

←答えは52・53ページ

「よし、これで解除成功だね」

そうすけは、問題の答えどおりにボタンを押した。

「よかった！　でも、ほかの2つの場所はどうやって調べればいいのかしら。このケースの中にはもうなにもないし……」

ななみがそう言うと、そうすけはタブレットを調べた。

「つぎの場所は『広い広い学び舎の庭』だってさ。つまり、校庭に出て探せばよさそうだね」

「タブレットは、すべてを知っているのかしら……」

4人は急いで階段を降り、校庭に出た。するとすでに、校庭の真ん中に人だかりができている。

「今、先生を呼びに行ってるわ！　なんだか危険な感じだから、みんな近づかないで！」

「こんなロッカー、今まではなかったぞ！」

ひろとがさけぶと、その場にいたまりんが説明を始めた。

「とつぜん、ここにロッカーがおかれていたんだけど、1つのロッカーには爆弾解除装置があって、それ以外のロッカーにはすべて爆弾があるそうなの。それで、爆弾が入っているロッカーを開けてしまうと、その場で全部のロッカーの爆弾が爆発するって書いてあるのよ！　こわいから今、先生を呼びに行ってるわ」

「12個のロッカーにはそれぞれに名前がつけられていて、爆弾解

④ 4人は校庭に行く前、どこにいた？
2文字で書こう。

学校の □□

なぞ解きⓒ

解除装置を探せ！

～ロッカーの爆弾の問題～

爆弾の解除装置は、「バナナ」のロッカーに入っている。左のヒントを見て「バナナ」のロッカーはどこか、答えなさい。

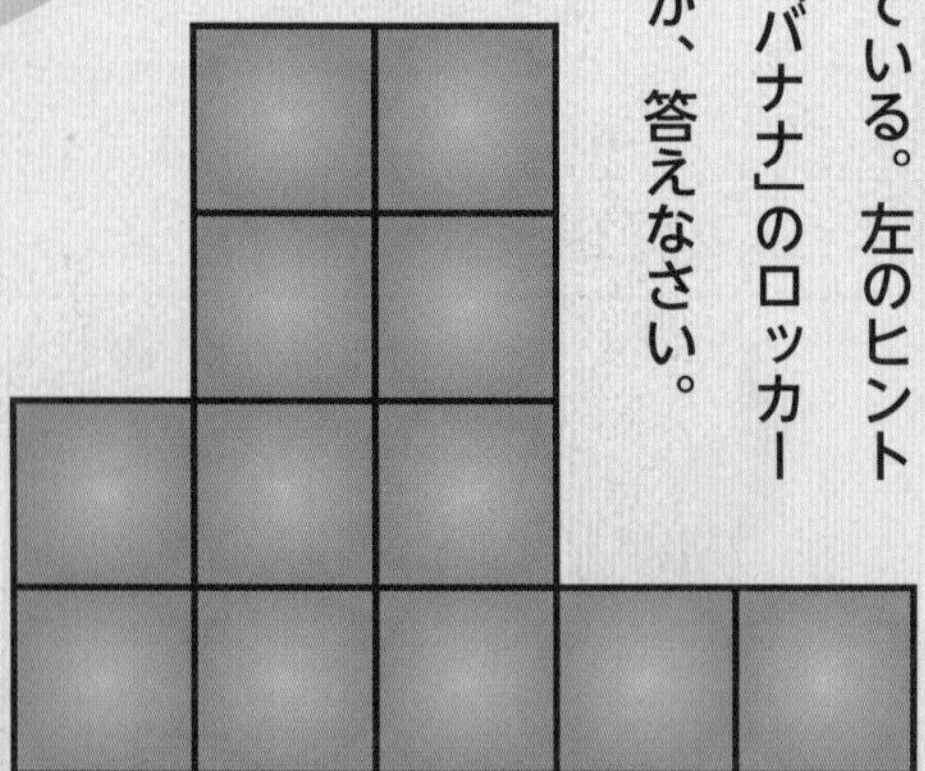

爆弾がしかけられたロッカー

除装置はバナナという名前がついたロッカーに入っている……。なるほど」

「ちょ……だれ!?」

いつのまにかロッカーに近づいて問題をながめているそうすけに、まりんはおどろいた。制服を着ているので、知らない学校の生徒ということだけはわかったようだ。

「ネル、ひろと、ななみ。ほらね。ここに問題がある」

「この問題の答えとなったロッカーに、解除装置が入っていると信じていいと思います。なんでしょう。確信が持てるのです」

ネルは、まったくあわてることなく問題をながめている。

「この爆弾のことがわかるの?」

ふしぎそうに4人を見つめるまりんに、ななみは右手でマルを作ってうなずいた。だいじょうぶのサインだ。

「先生たちが来ると、はなれなさいって言われちゃうから、来る前に解いてしまいましょう!」

ななみはそう言うと、さっそくメモを取り出して問題を考え始めた。

↓ なぞ解きⓒにチャレンジ

ヒント

Ⓐ12のロッカーにはそれぞれかくされた名前がある。

Ⓑメロンはビワ、ミカン、ブドウの3か所のみと隣接している。

Ⓒカキはナシ、ライチの2か所のみと隣接している。

Ⓓリンゴはブドウ、イチゴ、ビワ、ナシと隣接している。

Ⓔビワ、メロン、スイカは同じヨコの列にある。

Ⓕイチゴの真下にモモがある。

※隣接とは、上下左右にとなり合っていることをさす。ななめは含まない。

←答えは52・53ページ

「バナナのロッカーは、ここだあ!」

ひろとはいきおいよく、一つのロッカーを開けた。集まっていた生徒たちは、びっくりしてその場からはなれる。ひろとが開けたロッカーの中には、爆弾の解除装置があった。

「そうすけ、わかるか?」

「ああ。だいじょうぶ。解除はまかせて」

そう言うと、そうすけはロッカーの前に立ち、すべての爆弾を解除した。そのとき数人の先生が、ロッカーの前に走ってきた。

「きみたち、そこをはなれなさい!」

ウ「これが問題のロッカーですか?」

ひろとは先生たちに、爆弾のこと、爆弾をすでに解除したこと、そしてそうすけのことを説明した。

「そうか。きみたちが解除したのか。しかし危険なことを勝手にしたのはよくないな。私たちが来るまで、待ったほうがよかったぞ」

「すみません。でもこれには理由があって……」

タブレットのほうを向いたななみに気づいたひろとは、一歩前に出て話し始めた。

「先生、オレがやろうって言ったんです。オレ、大道寺先生から爆弾が屋上にあることを知らされて……。これはたぶん、全部、大道寺先生からの挑戦なんです。だから大道寺先生がなにか知っ

5 ウ―は、だれが言ったセリフ? 左の中で当てはまる人を選び、名前に○をつけよう。

ひろと・ななみ
先生・そうすけ

6 ひろとたちは、何個目の爆弾まで解除した? □に数字を書こう。

□個目の爆弾

なぞ解きD

すべての爆弾を探せ!

~体育館の爆弾の問題~

数字は、そのマスの上下左右とななめに接するマスのうち、

ているはずです。大道寺先生がどこにいるかわかりますか？」

「大道寺先生か。あの人は臨時講師だから、もうこの学校にはいないよ。あとは警察にまかせたほうがいいだろう。……ん？」

先生は着信に気づき、スマートフォンを手に取った。

「なんだって？　体育館にきみょうな箱が並んでいる？　爆弾と書いてある？　今すぐ行くから全員体育館から出なさい！　笹原先生、警察に連絡を！」

「はい！」

「警察……。大ごとになってしまいましたね……。でも、きっとまた問題があります。それを解けばだいじょうぶです」

ネルの言葉に、ひろとたちは体育館に向かって走り出す。見張りの先生のスキを見て体育館に入りこむと、ななみが早速、爆弾の箱に書かれた問題を発見した。

「問題があった！　さあ、解きましょう！」

↓ **なぞ解きD** にチャレンジ

何マスに爆弾があるかを表している。爆弾があるマスをすべて探し出しなさい。

ヒント

「4」の数字のまわりには、4マスしかないので、そのすべてに爆弾があることになる。

←答えは52・54ページ

答えと解説

44ページ

① 3

② A

46ページ

③ A

48ページ

④ 屋上

50ページ

⑤ 先生

⑥ 2

解説

①44ページの16行目に、3つであることが書かれている。

②45ページの4~6行目のそうすけの言葉から、Ⓑは建前で、本当の理由はⒶだということがわかる。

③47ページの8~9行目から、そうすけが問題を書かれた紙を見つけ、つぎのステップへ進むための手がかりをつかんだとわかる。

④45ページに、4人が屋上に行ったと書かれている。46~47ページには屋上でのできごとが書かれていて、48ページの9行目で、屋上から校庭に降りている。

⑤ひろと・ななみ・そうすけは、すでにロッカーのことを知っているので、このセリフは、初めてロッカーを見た先生が言ったものだとわかる。

⑥48ページの1行目で1個目、50ページの7~8行目で2個目の爆弾を解除している。50ページの7行目の「すべての爆弾」は、2個目のロッカー爆弾をすべて解除したという意味で、爆弾はあと1つ残っている。

45ページ

なぞ解きⒶの答え

答え

7194

ヒント③より、Ⓒの数は3か6か9である。もし3だとすると、ヒント②の「右の2つの数を入れかえると、4けたの数は45小さくなる」を満たせない。

??3?

??6?

??9?

そこで、Ⓒの数が6の場合と、9の場合で、ヒント②を考えると、Ⓓの数は下の図のようになる。

??61

??94

ヒント①の「Ⓑの数と、Ⓓの数をたすと5になる」を考えると、Ⓑの数は、下の図のようになる。

?461

?194

解説

ヒント④の「Ⓑの数に6をたすと、Ⓐの数になる」を考えると、「?461」では、?が2けたになってしまうので、Ⓑの数は4ではないとわかる。

よって「7194」が答えだとわかる。

7194

なぞ解きⒷの答え

答え：白いボタン

解説

ややこしく見える問題だが、正解についてだけ書かれているⒷと、不正解についてだけ書かれているⒹの発言を考えるだけで解くことができる。

Ⓑの発言のうち、どちらかが本当だとわかっているので、正解のボタンは青か白であることがわかる。

つぎにⒹの発言を見てみよう。どちらかがウソだとわかっているので、正解のボタンは白か黒だが、すでに青か白とわかっているので、答えは白だとわかる。

なぞ解きⒸの答え

答え

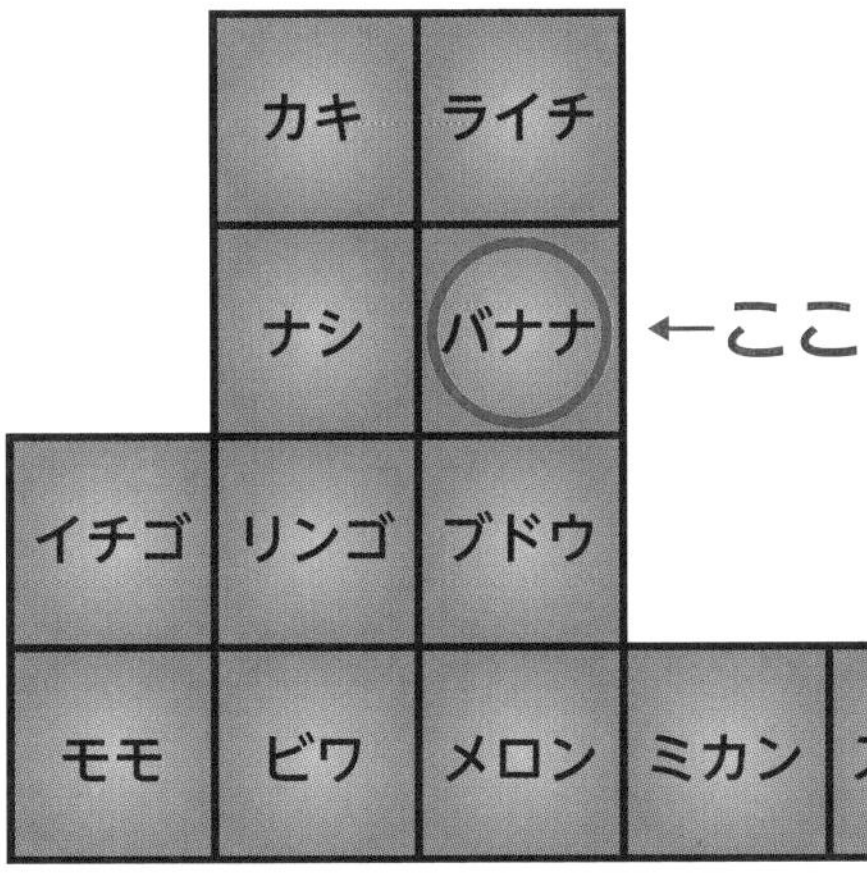

解説

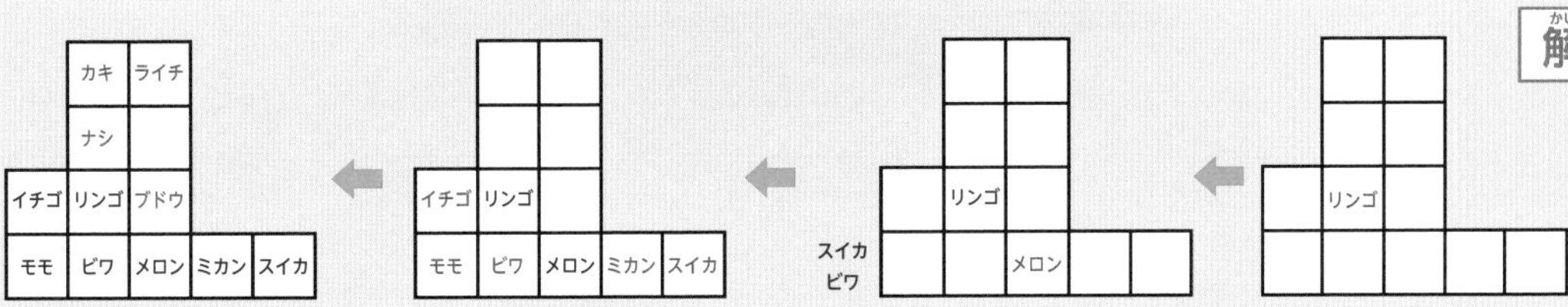

まず、Ⓓのヒント「リンゴはブドウ、イチゴ、ビワ、ナシと隣接している」を考えよう。4か所と隣接できる場所は1つしかないので、リンゴの場所が決まる。

つぎに、Ⓔのヒント「ビワ、メロン、スイカは同じヨコの列にある」を考えよう。リンゴが埋まっているので、3つのロッカーが同じヨコの列に入れるのは、一番下しかない。Ⓑのヒント「メロンはビワ、ミカン、ブドウの3か所のみと隣接している」と合わせると、メロンの場所が決まる。

続いて、Ⓕのヒント「イチゴの真下にモモがある」より、上下にイチゴとモモが並べる左はしに入るとわかる。さらに、リンゴとビワが隣接していて、メロン、スイカと同じヨコの列なので、ビワはメロンの左である。またⒷのヒントから、ミカンがメロンの右に入るとわかり、そこからスイカの場所も決まる。

Ⓒのヒント「カキはナシ、ライチの2か所のみと隣接している」より、カキは左上に決まり、リンゴと隣接しているナシが下側、ライチはカキの右側になる。ブドウは、リンゴにもメロンにも隣接しているので上の図の位置になる。残った1か所がバナナだとわかる。

50〜51ページ なぞ解きⒹの答え

答え

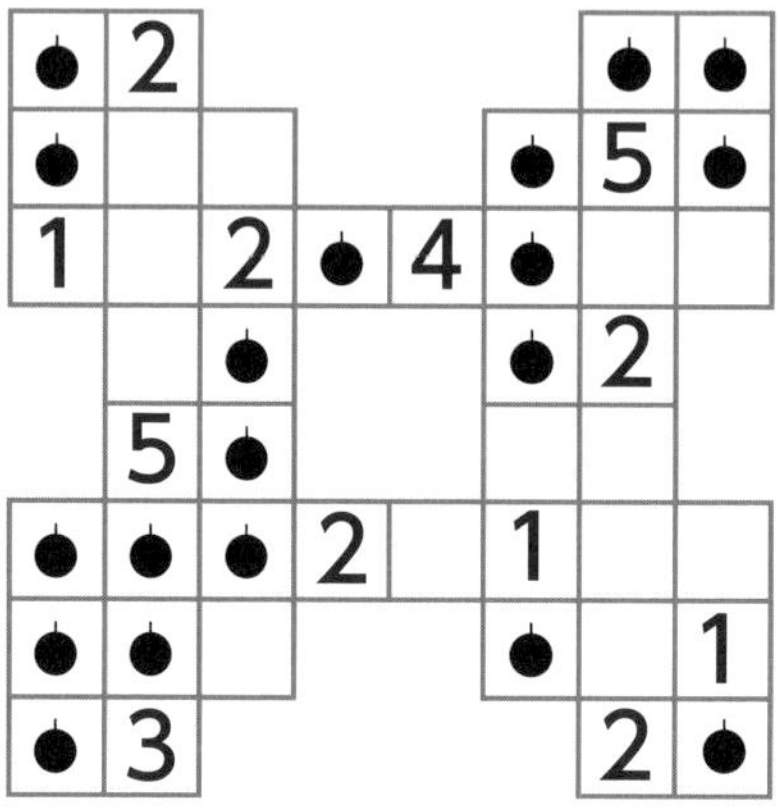

解説

爆弾がないと確定したマスに×を書きながら考えよう。
まず、4のまわりには、すべてに爆弾がある。そうすると、右下にある2の残りのマスには、爆弾がないことがわかる。

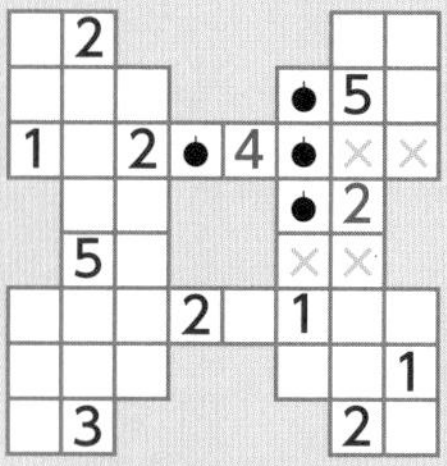

黄色いマスのすぐ上の2を見ると、すでに1個の爆弾の場所はわかっているので、2の周囲にはあと1個しか爆弾はない。つまり★のマスの1マスは爆弾のないマスで、それ以外の5の周辺のマスには爆弾がある。

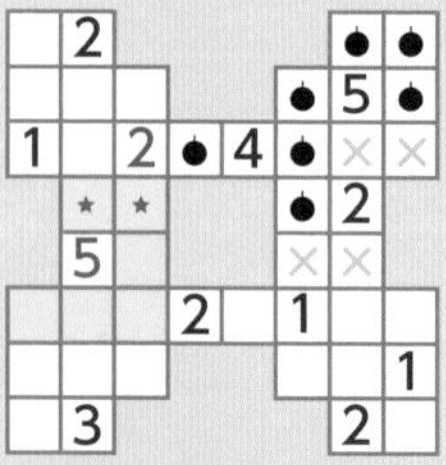

左下の2の周囲の爆弾の場所がわかったので、残りの2マスには爆弾はない。ここから左下の3の周囲もわかる。残るマスもわかるところから、ひとつひとつ埋めていこう。

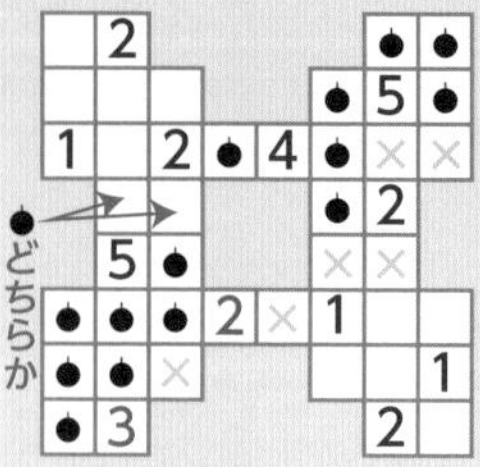

4章 回想録

そうすけが来てくれて助かった！
オレたちだけだったら
どうすればいいかわからなかったよ

爆弾は警察に引きわたせたけど、なんだか
これだけじゃあ、終わらない気がするよ。
じつはもうひとつ、ひろとたちに
話しておきたいことがあるんだ……

5章 ネルのヒミツ

ひろと、ななみ、ネル、そうすけの４人は、体育館の爆弾もぶじに解除することができた。

けれども、先生や警察にはこっぴどくしかられ、今後、危険なものには近づかないようにと、釘を刺されてしまった。

ひろとたちが校門を出ると、一足先に帰ったはずのそうすけが、道の反対側で待っているではないか。そうすけは、自分についてくるように告げると、足早に歩き始めた。

5章 ネルのヒミツ

学習日　／

爆弾事件のあと、ひろと、ななみ、ネルの3人はそうすけにさそわれて、近くの公園に向かった。

「なんでわざわざ公園に来たの？」

「ヒミツの話!?」

不安気な、ななみとは対照的に、ひろとは新たな展開を期待して、ワクワクがかくし切れないようだ。

「ああ、学校では言いにくいんだ。……このタブレットなんだけど、ネルの家にあって……」

ひろとはそうすけが持つタブレットに視線を送ると、首をかしげながら言った。

「ネルをおいていった人は、なんでタブレットもいっしょにおいたんだろう。このタブレットがネルの過去を知っているからなのかな」

「ぼくもそう思ってね。ずっと調べていたんだ」

「私がお願いしたのです。私はこのタブレットのことを知らなければならないと、ずっと思っていました。でも、起動のしかたすらわからなくて、そうすけにあずけていたのです」

「昨日、どうしても気になるアイコンを見つけて、開こうかと思ったんだけど、ネルに話してからのほうがいいかなって思って。それで今日、ネルの学校に向かっていたんだ。そうしたら、とつぜんタブレットのアラートが鳴って……」

① **左の文章を、起きた順に並べよう。**

Ⓐ そうすけが、ネルの学校に向かった。
Ⓑ ネルが、そうすけにタブレットをあずけた。
Ⓒ タブレットに『よくやった！』と表示された。
Ⓓ そうすけが、タブレットに気になるアイコンを見つけた。

「爆弾の情報が表示されたのですね」

そうすけは、ネルを見てうなずいた。

「だから爆弾さわぎになるより早く来たのね。助かったわ」

ほっとするなみに、そうすけはうなずいて話を続けた。

「爆弾さわぎが終わってからタブレットを開いたら、画面に『よくやった！』って表示されてさ。おそらくこのタブレットは、どこかのだれかとつながっている。それはこのタブレットの持ち主、つまりネルの本当の親かもしれない」

「本当の親!? ま、まあ、親がどんな人でも、ネルはオレたちの大事な友だちだからな！」

ネルの親が、犯人とつながっているかもしれないと考えたひろとは、完全に動揺している。

「ネルは全然動揺してないのに、ひろと、あせりすぎ！」

そう言うななみも、ドキドキをかくせずにいる。

「よし。アイコンを開くよ」

そうすけがアイコンをタップすると、『通信のためには、この問題のクリアが必要です』と表示され、なぞ解きが出題された。

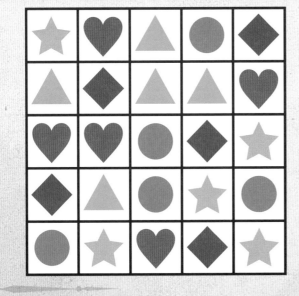

↓なぞ解きAにチャレンジ

なぞ解きA

～通信のロックを解除する問題～

タブレットのパズル

左の図で、ことなる5つのマークを1グループとし、全部で5つのグループを作りなさい。

ただし、グループはすべてマスがつながっていなければならない。

★	♥	▲	●	◆
▲	◆	▲	▲	♥
♥	♥	●	◆	★
◆	▲	●	★	●
●	★	♥	◆	★

←答えは64ページ

「よし、解けたね。えっ、これは？」
ロックが解除されたタブレットの画面に、初老の男性が映り、ニコリとほほ笑んで語りかけてきた。

「そうすけくん、ありがとう。ようやく通信ができた。私は２０７０年を生きている研究者、平場勝義だ。通信にはエネルギーを使うから、手短に話そう。私は危機を感じている。人がだんだんと考えることをやめ、ＡＩに依存しているんだ。人々は【ＡＩに考えさせればすべての問題は解決する。自分たちが、がんばる必要はない】と思っている。しかしそれはまちがいだ。ＡＩに新たな創作はできない。人の【考える】と、ＡＩの【考える】は別物なんだ」

「未来からの通信だって!? ２０７０年って、オレたちも生きているよな？ オレたちも考えなくなっちゃうのか？」
ひろとは２０７０年の自分を想像して、まゆをひそめた。
「未来でも、考える人は一定数いる。私のようにね。きみも、きっとその一人さ。私は人の考える力を救いたい。しかし反対に、ＡＩがすべてを救うと考えている男がいるんだ。名前は大道寺小吾

②2023年にひろとが11歳だとすると、2070年に、ひろとは何歳になっている？ □に数字を書こう。

□歳

③平場博士は、どんな目的でネルを現代に送りこんだかな？ □に当てはまる言葉を文章中から探して書こう。

人間は□を高めることでAIと上手に□と現代の人間に気づいてもらうため。

郎。その男は、人間にまかせていたら地球はだめになると言う。自然を破壊し続けるとね。生身の人間だが、時間移動なんて、無茶なことをするやつだよ」

「もしかして臨時講師の先生？　未来から来たと言うの？　自然破壊は、今だって世界中で議論されているけど……。未来はもっと大変なのね」

未来の地球が、思うより悪い方向にあると感じたななみは、かたを落とした。

「かれはウソツキ団というAI人間たちを作り、それを連れて、きみたちの時代に現れた。ニワトリや爆弾の件は、大道寺が指示してウソツキ団が行ったものだ。そしてネルは、私が送りこんだAI人間だ。きみたちの行動は、ネルを通して見ていたよ」

「ネルがAI人間!?」

ひろとはおどろきのあまり、ひっくり返りそうになった。

「おどろくのもむりはない。われながら、うまく作ることができたからね。言われなければ気づかないさ。ネルは【人間は考える力を高めることでAIと上手に共存できる】と気づいてもらうために、ひろとくんたちの時代に私が送りこんだんだ。さて、この先の話をする前に、きみたちの力をもう少し試させてくれないか？」

↓なぞ解きBにチャレンジ

なぞ解きB
～平場博士からの問題～

すべてのマスをひとつにつなげ！

左の図の数字はそのマスから何本の線が出ているかを表している。線は点線の上にしか引けない。いくつかの点線の上に線を引いて、0以外の数字全体をひとつながりにしなさい。

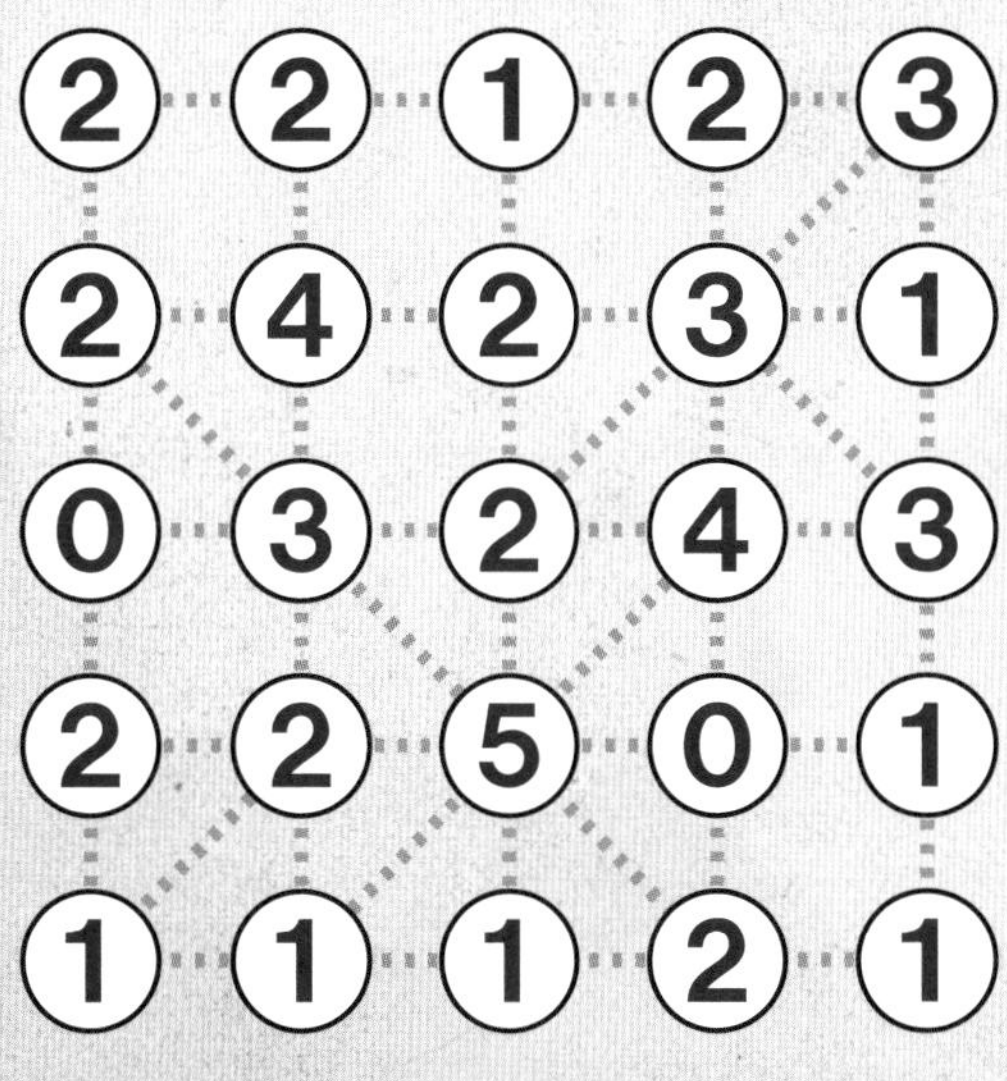

←答えは64・65ページ

「うん。なかなかすばらしい。さすがネルが集めた仲間たちだ」

「ネルが集めた……？　どういうことですか？」

ななみは、友だちのはずのネルに『集められた』という言葉に、違和感をおぼえた。

「ネルは、問題を出すことが特技。そして【考えることにとても前向きな人】を好むように作っておいた。そうすればきっと、考えることがとくいな人が、ネルのまわりに集まるだろうと思ってね。そのとおりになって安心した。大道寺とウソツキ団に勝てるメンバーがそろったんじゃないかな」

「勝てる……？　オレたち、大道寺先生と戦うのか？」

「なんで、そんなにテンション高いのよ！」

ななみは今起こっていることを理解しようと、質問する。

「あの、博士。どうしてネルがねらわれるのですか？」

「私と大道寺は、大学時代いっしょの研究室でね。AI人間を研究していたんだが、目的はまったくちがった。私は人のためのAI、大道寺は地球のためのAIを作ろうとしていた。私がネルを作って、人間の力を引き出そうとしたことが気に入らなかったんだね。それで、かれはウソツキ団を作って私のじゃまをしようとしているんだ」

「博士、ネルの記憶がなかったのはなぜなんですか？」

④

大道寺博士について、当てはまるものをすべて選び、記号に○をつけよう。


Ⓐ平場博士の教え子である。

Ⓑ人間のためのAIを作ろうとしている。

Ⓒウソツキ団を作った。

Ⓓネルを作った。

Ⓔ地球のためのAIを作ろうとしている。

なぞ解きⓒ

〜大道寺博士の問題〜
10枚のカード

10枚のカードがあり、3人が3枚ずつカードを取った。それぞれの言葉をヒントにだれがどのカードを持っているのかを推理し、残っている1枚のカードがなにかを答えなさい。

そうすけが質問した。もしタブレットのなぞが解けないままだとしたら、どうなっていたんだろう……と考えていたのだ。

「そうすけくん、苦労をかけたね。ネルを時間移動させたとき、記憶が飛んでしまったのは、誤算だった。頭をかかえたよ。大道寺たちにずいぶんとあばれさせてしまって申し訳なかった」

「博士。本当にウソツキ団はネルをねらっているのですか？ でも、それはいったいなぜ？」

そうすけの質問に、博士は表情をくもらせた。

「ああ、大道寺はネルをねらっている。私の活動をじゃましているからね。かれは【人に深く考える力は必要ない。AIの言うとおりにしていればそれが正解だ。それが地球のためだ】と考えている。だからネルをつかまえて、利用しようとしているんだ。きみたちにネルを守ってほしい。昨日、大道寺との通信に成功して話し合ったんだが、きみたちとの『知の勝負』に負けたら、ネルをあきらめて未来に帰ると約束させたよ。さあ、きみたち、今度は大道寺が作った問題を解いてもらおうか」

↓ なぞ解きⓒ にチャレンジ

10枚のカード

1	9	6	1	5
2	6	7	4	8

ヒント

? ? ?
タケル
2つの数をかけるともう1つの数になる。

? ? ?
サラ
2つの数をたすともう1つの数になるよ。

? ? ?
カスミ
たすと21になります。

←答えは64・65ページ

「あ、あの、私たちが知の勝負に負けたらどうなるのですか？ ネルは、私たちといっしょにいられるのですか？」

ななみは、ずっとだまっているネルのことが心配だった。

「負けたときは、ネルを大道寺に引きわたすと約束した。まあ、そのときは全機能を停止させるから、ネルを悪用することはできないさ」

「どうして!? そのまま未来に帰るのではだめなの？」

ななみは、思わず大きな声で質問した。

「帰る機能がないんだ」

平場博士は、落ち着いた声で説明を始めた。

「ネルは、きみたちの時代で生き、みんなといっしょに成長しながら、考える大切さを広める役割で作った。だから、もともと一方通行で送りこんだんだ。AI人間が一人で帰るのは、容易ではないからね。大道寺は、ウソツキ団を連れて未来に帰ることができるよ。だから遠慮はいらないんだ」

「わかりました！ でもどうやって勝負をしたらいいんですか？」

ひろとはすっかり戦う気になっている。

「私との約束があるから、大道寺は、かならず勝負をしかけてくる。きみたちは、今からかれらのアジトに行って、知の勝負に勝ってほしい。ネルは大道寺の近くに行くと、かれの持つ機器に反応し

⑤

㋐――で、ネルが急に考えられなくなったのは、なぜ？ 合うものを選び、記号に○をつけよう。

Ⓐ 未来に帰る機能がないから。

Ⓑ 大道寺が持つ機器に反応して、機能が制限されたから。

Ⓒ 大道寺がネルの機能をストップさせるボタンを押したから。

なぞ解きⒹ

～ファイルを開くための問題～

アジトへのパスワード

左のヒントを見て、4つのおもりを、重い順に並べなさい。

4つのおもり

て機能が制限されるから、きみたちがたよりなんだ」
（ア）「だから、校庭では、急に考えられなくなったのですね。私はアジトに行くわけにはいかないようです」
ネルは自分がおかれた立場を、すべて理解したようだった。

「ネルは、アジトからはなれて待機するんだ。かれらを信じよう」

そう言うと平場博士は、タブレットにあるアイコンを表示させた。

「アジトの地図を示したファイルだ。4つのマークを正しい順で押さないと開かない。今のきみたちなら開けると思うが、もったいぶる必要もないから答えを言おう。ファイルを開く正しい順番は……」

博士が4つのマークについて伝えようとした瞬間、通信がとぎれてしまった。

「あっ……」

「通信にはエネルギーが必要って、言ってたもんね。足りなくなっちゃったのかな」

ななみは、すっかり落ち着きを取りもどしていた。

「しかたないね。ぼくたちで問題を解いてファイルを開けようか」

そう言うと、そうすけはマークの問題を探し出して表示した。

「サクッと解いて、アジトの場所を調べようぜ！」

なぞ解きD にチャレンジ

ヒント

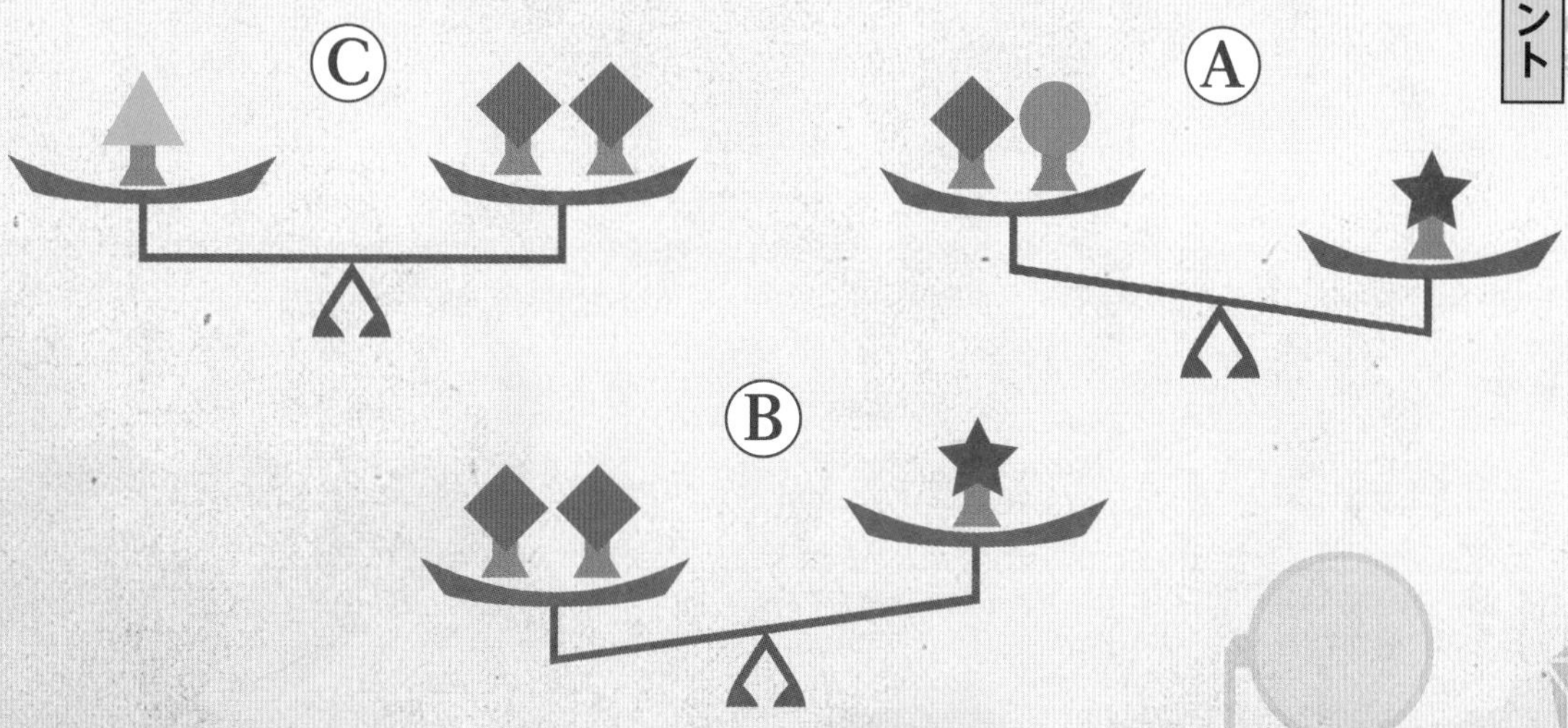

答えは64・66ページ

5章 答えと解説

56ページ

① B→D→A→C

58ページ

② 58

③ 考える力・共存できる

60ページ

④ C・E

62ページ

⑤ B

解説

①56ページの13〜16行目に、そうすけがタブレットをあずかってからネルの学校に来るまでのいきさつが書かれている。

②2070年は2023年の47年後なので、11＋47＝58の計算式で、ひろとの年齢をみちびき出せる。

③59ページの16〜17行目の平場博士の言葉をぬき出して書こう。

④60ページの14〜19行目に、大道寺博士について書かれている。「大学時代いっしょの研究室」と書かれているので、Ⓐはまちがいだとわかる。また、ⒷとⒹは平場博士について書かれたものなので、まちがいである。

⑤62ページの20行目から63ページの1行目に、ネルは大道寺の近くに行くと、かれの持つ機器に反応して機能が制限されると書かれている。

57ページ

なぞ解きⒶの答え

答え

解説

1つのグループに同じマークは入らないので、同じマークがとなり同士にならんでいるところはかならずグループの境界線になる。そこから区切っていこう。

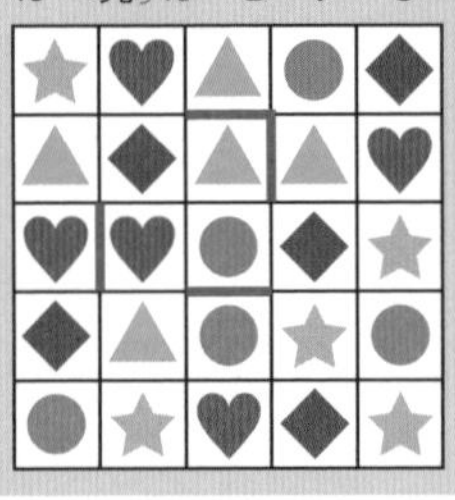

同じマークがとなり合うところに境界線を引いたら、つぎは角にあるマークから考えていくとわかりやすい。

右下の★と同じグループになれる▲は1つだけである。

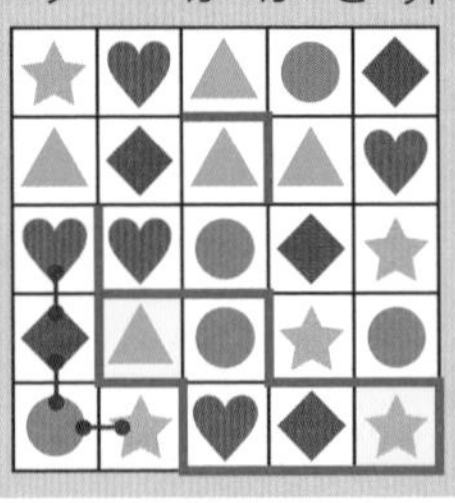

つぎに、1番右の列の●と同じグループになれる♥はこれだけである。ここから▲も選べる。

残りも同じように考えていこう。

59ページ なぞ解きⒷの答え

答え

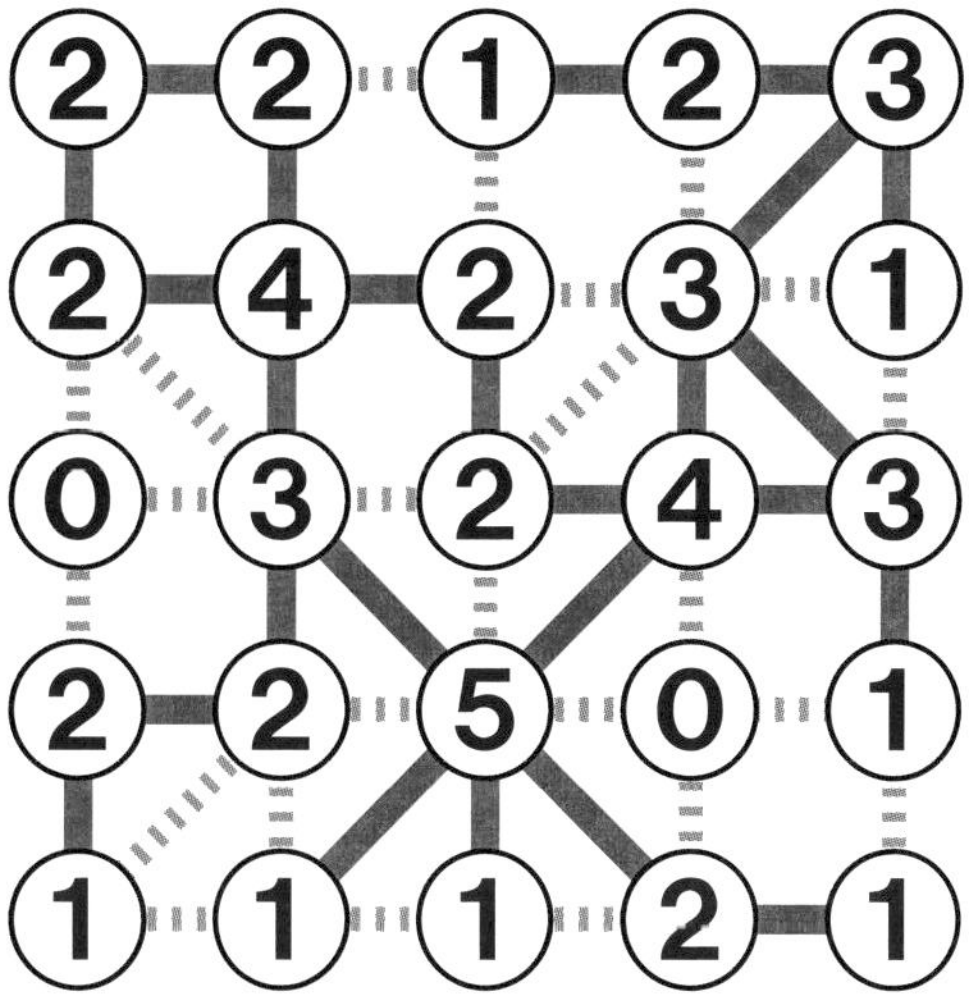

解説

まず、角にある数字など、確実にわかるところから線を引いていこう。

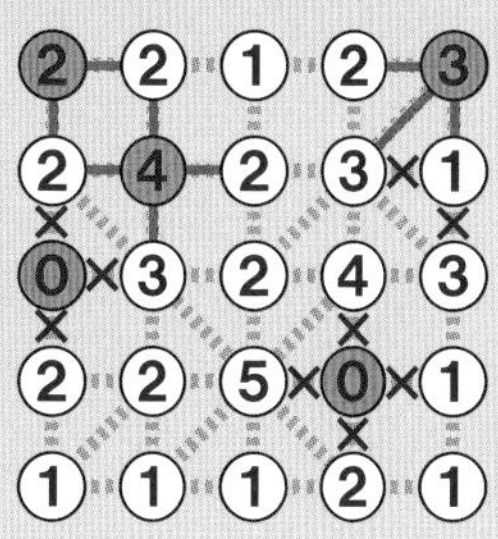

1がとなり合っている部分は1同士を線でつなぐと全体がひとつながりにならないので、×を書こう。

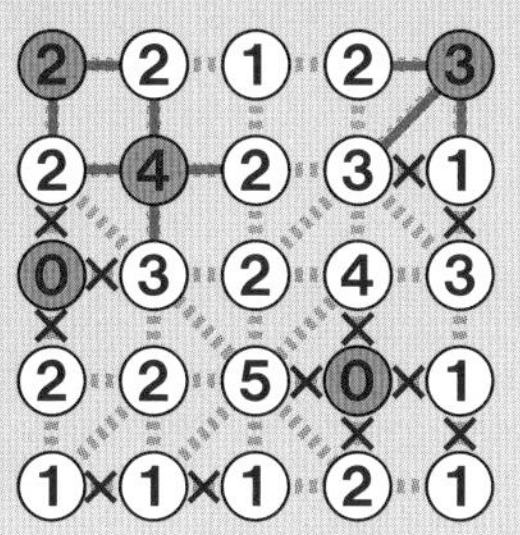

しんちょうに線の数をかぞえながら、下の図のように線を引いていこう。

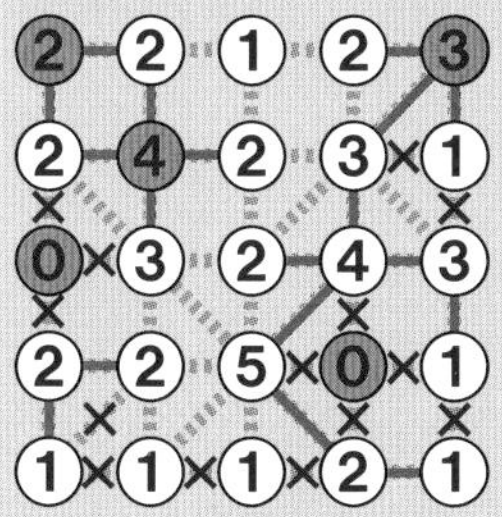

60〜61ページ なぞ解きⒸの答え

答え

1

解説

まず、タケルのカードは「2・4・8」か「1・6・6」のいずれかである。もし「2・4・8」の場合、カスミのカードは「6・6・9」か「5・7・9」となる。

仮にカスミのカードが「6・6・9」の場合、残りのカードは「1・1・5・7」となるので、サラの言葉に合う3枚は作れない。

同様にカスミのカードが「5・7・9」の場合は、残りのカードが「1・1・6・6」となるのでやはりサラの言葉に合う3枚は見つけられない。

よってタケルのカードは「1・6・6」と決まる。

カスミのカードは「5・7・9」か「4・8・9」である。このうち、サラの言葉に合うカードが残るのは「4・8・9」で、サラのカードは「2・5・7」と決まる。

このことから、あまるカードは「1」である。

タケル	1	6	6
サラ	2	5	7
カスミ	4	8	9

5章 答えと解説

62〜63ページ

なぞ解きⒹの答え

答え：上から重い順に▲★◆●

解説

Ⓐのてんびんを見ると、★は●と◆より重いとわかる。

つぎにⒸのてんびんを見ると、▲と◆2個分は同じ重さだとわかる。

Ⓑの◆2個分を▲におきかえると、▲は★より重いことがわかる。

▲=◆◆で、★より◆●のほうが軽い。そして、▲は★より重い。

わかったことを、並べると、左の図のようになる。

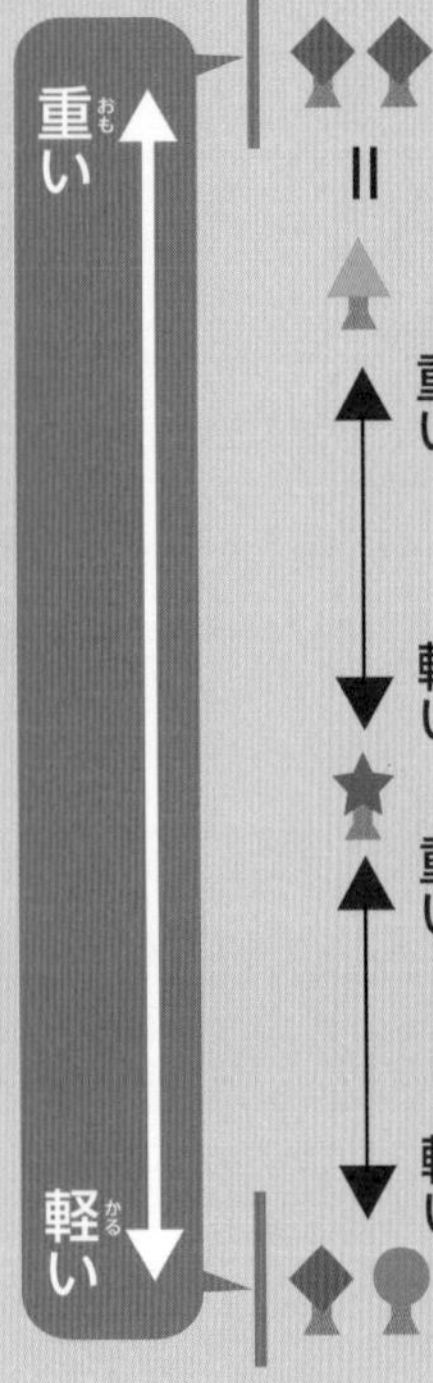

つまり、◆より●のほうが軽いことがわかる。

5章 回想録

よ〜し、ネル、まかせとけ
大道寺先生との勝負に全力で勝って、
ネルがずっと、ここにいられるようにしてやるからな！

だ、だいじょうぶ？　かけっこじゃないよ！
「知の勝負」だよ！　自信あるの!?

ま、まあ、そこは、主にそうすけに
全力でがんばってもらうということで……

6章

ウソツキ団との対決

未来の人間だと名乗るなぞの老人、平場博士との通信は、突然切れてしまった。

けれども、ひろとやそうすけは、落ち着いて問題を探し出すと、みごとにウソツキ団のアジトの場所を調べることに成功した。

ひろと、ななみ、そうすけ、ネルの4人はウソツキ団のアジトに向かい、大道寺に近づけないネルには、アジトの少し手前で待ってもらうということで、話がまとまった。

6章 ウソツキ団との対決

ひろとたち4人は、ウソツキ団のアジトの近くにやってきた。

「みんな、気をつけて行ってきてください」

ネルは一人ひとりとしっかり目を合わせ、見送った。

ア「おう、まかせとけ。オレたちならぜったいに勝てる！」

イ「ネル、そこで待っていてね。私、がんばるから！」

ウ「だいじょうぶ。ぼくたちを信じて。さあ、行こう！」

3人はついに、ウソツキ団のアジトまでたどりついた。すると、大道寺が2階のテラスから顔を出した。

「ようやく来てくれたね。ずいぶん待ったんだよ。自分から学校まで出向いてやったんだ。感謝してほしいものだね」

「先生とウソツキ団を未来に追い返しに来た。下まで降りて来い！」

ひろとは声を張り上げた。しかし大道寺は一歩も動く様子がない。

学習日 ／

① ア―、イ―、ウ―は、それぞれだれが言った言葉？ □に名前を書こう。

ア □

イ □

ウ □

なぞ解きA ～大道寺からの問題～

5つのボタンの色は？

左の図のような5つのボタンがある。ボタンは押すごとに、

「未来に追い返す？　ははは、なるほど。ようやく通信できたか。平場からいろいろと聞いたようだねえ。そうこなくてはこまる」

大道寺はひろとたちを指さし、話を続けた。

「きみたちから私のところに来なさい。ちゃんと入口から入ってくるんだよ。まあ、入れないとは思うが。入れないようなら、負けをみとめてそのまま帰るがいい」

そう言うと大道寺は、部屋の中に入っていった。

「なんだよ、あいつ！　ななみ、そうすけ、ぜったいにあいつらを未来に追い返してやろうぜ！」

「もちろんよ。ネルは私たちが守るのよ！」

「ここまで来たんだ。ぜったいに負けるわけにはいかない」

3人は入口を探して、建物のまわりを調べ始める。ほどなくしてななみは、それらしき扉を見つけた。

「こっちに来て！　これが、大道寺先生が自信満々に、入れないと思うって言っていた問題ね。これを解けば扉が開くのよ」

ななみの呼びかけに3人が集まる。そうすけは、ネルからあずかっているタブレットをしっかりとにぎりしめた。

「よし、かんぺきに解いて、ウソツキ団と対面しよう。ぼくたちならきっとだいじょうぶ！」

↓ なぞ解きＡにチャレンジ

黒→白→黒と切り替わり、すべて正しい色にして決定ボタンを押すと扉が開く。4回試してみた結果は、左のようになった。5つのボタンの正しい色を答えよ。

4回試してみた結果

1回目	●○○●○	3か所アタリ
2回目	●○●○●	4か所アタリ
3回目	○○●●○	3か所アタリ
4回目	●●●○○	2か所アタリ

ヒント　2回目は、1か所だけまちがっているということになる。まずは2回目と4回目を比較してみよう。

←答えは76ページ

「よし、解いたぞ！　これで扉が開くはず！」

ひろとはドアノブに手をかけると、一気に扉を開けた。そこは広間になっていて、巨大なスクリーンが設置されている。ひろとは、広間をぐるりと見回してからさけんだ。

「出てこい！　言うとおりに、入口からちゃんと入ってきたぞ！　おーい、出てこーい！」

すると、おくの書斎から大道寺がすがたをあらわした。

「おやおや、本当に来たのかね。やれやれ、おどろいた。しかし、つぎの問題でおしまいにしよう。私もひまではないのでね」

そう言うと大道寺は、巨大スクリーンの電源を入れた。画面には大きく『今日は何曜日!?』と映し出された。

「今日……？」

ななみはすぐに答えが頭の中に浮かんだが、それを口に出す前に大道寺が話し出した。

「ははは。そんなにかんたんな問題でないのは、想像できるだろう？　これを撮影した曜日を聞いているのだよ。では、これをゆっくりと見て、満足したら帰るがいい。まあ、念のためおくで待っているぞ」

大道寺はにやりと笑って、おくに入っていった。ひろとは大道寺の背中を、イライラしながら見送った。

「あー、いやなやつ！」

㋓「大道寺先生が入ったドア、勝手に開けられない細工がしてあるね。ぼくたちは素直にこの問題を解くしかなさそうだよ。よし。二人とも

集中して。メモの用意はいいかい？」
ペンとメモ用紙を手にしたそうすけは、二人に声をかけるとスクリーンをじっと見つめた。ひろととななみが急いでメモの準備をすると、スクリーンにはウソツキ団たちが映し出された。男女5人のメンバーだ。
「私は、ウソをついているのかな～？」
「オレは、どうかなあ？」
5人は楽しそうに、クルクル回ったりジャンプしたりしている。
そして、それぞれが曜日について語り出した。

↓ なぞ解きB にチャレンジ

② ㊤——で、大道寺が入ったドアは、どの部屋のドア？ 合うものを選び、記号に○をつけよう。

Ⓐ広間
Ⓑアジトの入り口
Ⓒ書斎

なぞときB
撮影した日は何曜日？
～大道寺からの問題～

下のウソツキ団たちの言葉を聞いて、この映像を撮影した曜日を答えなさい。
ただし、一人以外は、ウソをついている！

Ⓐ 今日は木曜日か土曜日だ～！

Ⓑ 昨日は水曜日でも木曜日でも金曜日でもないね

Ⓒ あさっては月曜日か水曜日か木曜日だぜ！

Ⓓ おとといは水曜日か金曜日か日曜日ですねえ

Ⓔ 明日は木曜日か金曜日だな

ヒント
全員の言葉を、「今日は…」におきかえて考えてみよう。

←答えは76・77ページ

ひろとたちがみごとに解答をみちびきだすと、大道寺がいる部屋の扉が開いた。ひろとたちが一斉に部屋に入ると、大道寺は不敵な笑みをうかべて、ひろとたちを迎え入れた。

「おどろいたよ。まさかここまで来るとは思わなかった。まあ、あまり長引かせてもよくない。つぎの最終問題で決着をつけようか。私もひまではないのでね。早くネルちゃんに、このすばらしい装置をつけてアップデートを行い、私たちと活動してもらいたい」

「すばらしい装置……？　ネルをどうするつもりだ！」

「そうすけ、そんなこと知る必要ないぜ。ウソツキ団はみんな未来に帰るんだからよ。おまえなんかにネルを好きにさせるもんか！」

ひろとはそう言うと、そうすけの耳元でささやいた。

「あとは博士がやってくれるから、オレたちは勝つだけだぜ」

そうすけはひろとを見ると、右手をぐっとにぎりしめ、うなず

③ 大道寺がおどろいたのはなぜ？
□に理由を書こう。

なぞ解きC

～大道寺からの最後の問題～

東西南北のパネル

数字のパネル4個と
マークのパネル4個がある。
東西南北に正しくパネルを
配置しなければいけないが、
現在はバラバラに配置されている。
ヒントを読んで、
正しい配置に直しなさい。

いた。ひろとたちの一歩うしろに立っているななみが、不安な気持ちを押し殺しながら聞いた。
「つぎが最終問題……なのよね？　私たちがそれを解いたら、あなたたちは未来に帰るということでまちがいない？」
「そうだ。つぎの問題で最後にする。つぎの問題は、きみたちには解けないから安心したまえ。だから、それ以上問題も用意していないんだよ。さあ、負ける準備はととのったかね？」
「負けるか！　ネルはオレたちが守る！」
「ああ。さっさと未来に帰って、平場博士と話し合うんだ！」
「ネル……、私、がんばるからね！」
するとウソツキ団のメンバーたちが、4つの台座と8枚のパネルを持ってあらわれた。
「さあ、配置は終わった。この問題が解けなくても、落ちこむ必要はないぞ。ネルちゃんのことは、私にまかせておけばまちがいないのだ。さっさと負けをみとめて帰るがいい！」

↓**なぞ解きⒸ**にチャレンジ

ヒント

Ⓐ北のパネルは1個だけ正しい。

Ⓑ北のパネルの数字は7ではない。

Ⓒ南のパネルにあるべきパネルは、別の1か所に両方ともある。

Ⓓ数字のパネルはすべてまちがっている。

Ⓔ東のパネルと西のパネルをすべて交換すると、東のパネルの1個だけが正しくなる。

Ⓕ東のパネルの数字より、西のパネルの数字の方が小さい。

←答えは76・77ページ

「よっしゃぁ！　どうだ、解いたぞ！　約束だ。荷物と仲間をまとめて未来に帰れ！」

ひろとは、大道寺を指さした。

「くっ……。しかたがない。一度未来に帰るとしよう。しかし、かならずまたこの時代にやってきて、ネルちゃんをいただくからな！」

そう言うと、大道寺たちは強い光に包まれすがたを消した。

「うわっ!!　まっぶしいなぁ！　目がチカチカするよ」

「私も……。視界がおかしい」

「ネル！」

そうすけの声に、ひろとが顔を上げると、ネルがこちらに走ってくるのが見えた。

「だいじょうぶですか？　みんな！」

「それはこっちのセリフよ。かれらは未来に帰ったけど、ネルはなんともない？」

「はい。だいじょうぶです。私、このままみなさんといられるのですね。ありがとうございます！」

そうすけがタブレットを操作すると、平場博士が映し出された。

「3人とも、よくやってくれた。感謝するよ。きみたちのような知の戦士が、がんばってくれれば、きっと未来は変わってくるだろう。人間は、考えること、新しいものを作り出すことが、なに

④ 平場博士は、ぶじに問題を解決した、ひろと、ななみ、そうすけのことをなんと表現した？　□に当てはまる言葉を文章中から探して書こう。

□の□□

なぞ解きⒹ

～ネルからの問題～

小鳥を飼っているのは？

左から、さくら、やよい、たすく、こうたの順で、並んで立っている。小鳥を飼っているのはだれ？

Ⓐ 4人はとくいな科目がちがう。それぞれ国語、社会、体育、図工である。

Ⓑ 4人はペットを飼っている。それぞれイヌ、ネコ、小鳥、ウサギである。

より大切なんだということを、まわりのみんなにも伝えていってほしい」
「はい！」
３人は元気よく返事をした。

・・・・・・・・・・・・・・・・・・・・・・・・・・

翌朝、ひろとが登校すると、５年３組の黒板の前にネルが立って、なにかを書いていた。

「ひろと、こっち、こっち！」

ななみの手招きに、ひろとは小走りで近づく。

「ひろと。今日のネル、明るいよね」

ニコニコしているななみを見て、ひろとは昨日の戦いを思い出していた。

ネルが笑顔でふりむいた。

「あ、ひろと、おはようございます。ちょうど黒板に問題を書いたところです。それでは、みなさん、私からの問題です！　今日の問題は、とびっきりむずかしいですよ！」

↓**なぞ解きD**にチャレンジ

Ⓒ国語がとくいな人はウサギを飼っている。

Ⓓ体育がとくいな人の左どなりに、ネコを飼っている人がいる。

Ⓔさくらは社会がとくいではない。

Ⓕ社会がとくいな人と体育がとくいな人はとなり合っていない。

Ⓖイヌを飼っている人の右どなりの人はウサギを飼っている。

ヒント
右の条件を表にあてはめて考えてみよう。

	こうた	たすく	やよい	さくら
とくいな科目				
ペット				

←答えは76・78ページ

68ページ

① ㋐ひろと ㋑ななみ ㋒そうすけ

71ページ

② C

72ページ

③ ひろとたちが問題を解いて、おくの部屋（書斎）（大道寺のところ）まで来たから。

※内容が合っていれば正解です。

74ページ

④ 知・戦士

解説

①それぞれの一人称に注目しよう。今までの文章から、ひろとは「オレ」、ななみは「私」、そうすけは「ぼく」と言っていたことを考えると答えがわかる。

②70ページの5行目を見ると、大道寺はおくの書斎からすがたをあらわしたと書いてある。16行目で、またおくに入ったと書いてあるので、おくの部屋のドアは書斎のドアだとわかる。

③72ページの1～8行目に、書いてあることを整理して、解答欄に書こう。

④74ページの18～19行目で、平場博士がひろとたちのことを「きみたちのような知の戦士」と表現している。

68～69ページ なぞ解きⒶの答え

答え

●○●●●

解説

2回目と4回目のちがいは、左から2個目と5個目のボタンの色。そして、2回目は4か所、4回目は2か所がアタリである。つまり2か所変化してアタリの数が2個ちがうのだから、左から2個目と5個目のボタンの色は2回目が正しいことになる。

つぎに2回目と3回目を比べよう。決定していない3か所のうち、2か所ずつがアタリのはずである。左から3番目のボタンがまちがっているとしたら、2回目のそのほかのボタンはアタリと決まり、3回目はアタリの数が2か所になってしまう。つまり、左から3番目は黒である。

つぎに1回目に注目しよう。3か所アタリのはずだが、左から3番目と5番目はまちがっている。つまり、残る3か所はすべてアタリであるはずである。

このことから、左から1番目は黒、4番目は黒だとわかる。

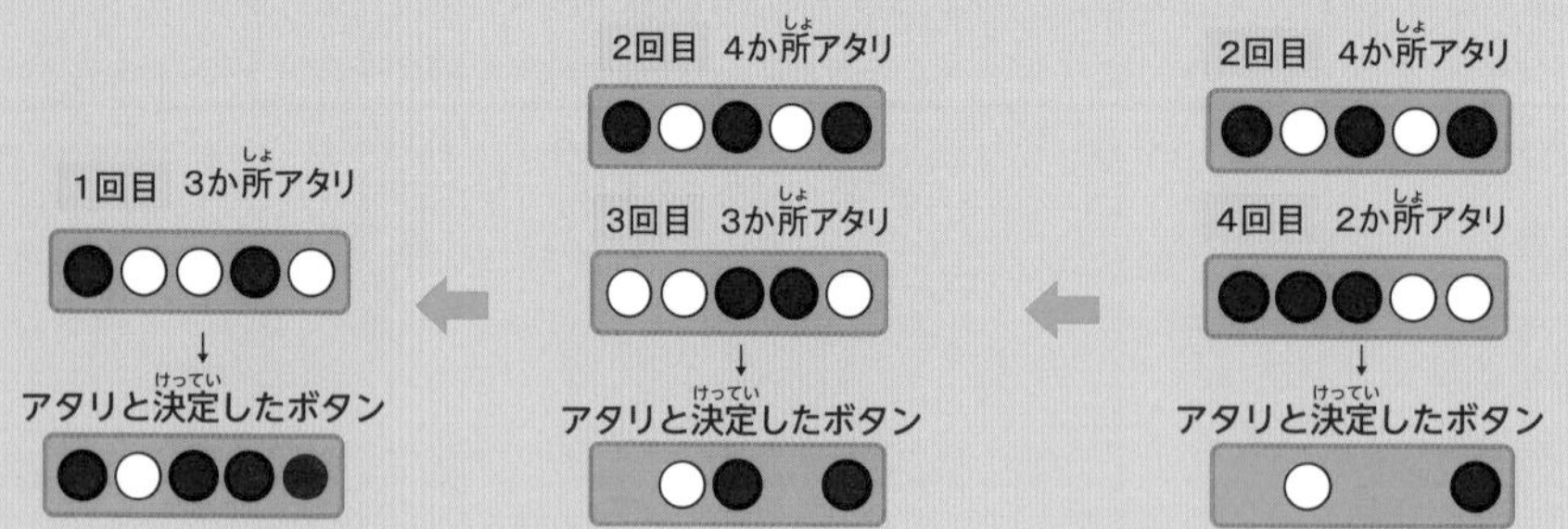

71ページ なぞ解きⒷの答え

答え：金曜日

解説

全員の言葉を「今日は」として書き直してみよう。するとつぎのようになる。

Ⓐ今日は木曜日か土曜日
Ⓑ今日は月曜日か火曜日か水曜日か日曜日
Ⓒ今日は土曜日か月曜日か火曜日
Ⓓ今日は金曜日か日曜日か火曜日
Ⓔ今日は水曜日か木曜日

一人以外ウソをついているのだから、もし二人が月曜日と発言していたとしたら月曜日はウソだとわかる。

↓

なぜなら、二人いれば、どちらかはかならずウソツキだからである。つまり「月曜日」がウソなのだから、その日は月曜日ではないことになる。

↓

すべての曜日を調べると、金曜日について話しているのは、Ⓓの一人だけである。このことから、本当のことを言っているのはⒹで、撮影をした日は金曜日だとわかる。

72〜73ページ なぞ解きⒸの答え

答え

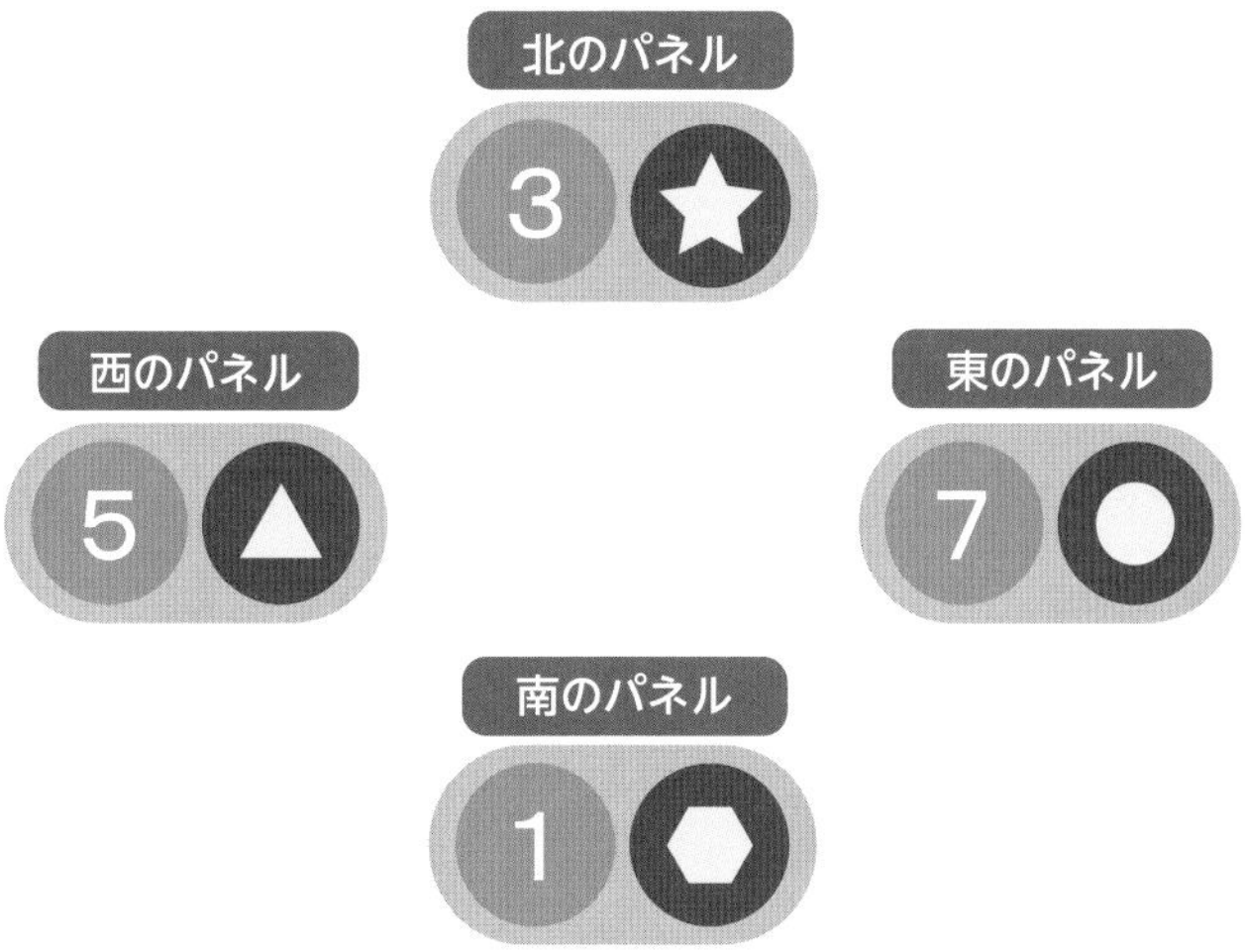

解説

ヒントⒶとヒントⒹより、北のパネルで正しいのはマークのパネルの★だとわかる。

↓

ヒントⒺより、西のパネルにある3か●は、東におくパネルであることがわかる。
つまり、ヒントⒸの南のパネルは、東においてある2枚のパネル1と⬢ということになる。

↓

北の数字のパネルは、ヒントⒷより7ではないとわかり、ヒントⒹより5でもないとわかる。
また、1は南に決定している。よって、北の数字のパネルは3だとわかる。

↓

ヒントⒻより、西が5、東が7だとわかり、ヒントⒺより、東のマークのパネルは●だとわかる。

↓

残る▲が、西のマークのパネルだとわかる。

74～75ページ

なぞ解きⒹの答え　答え：こうた

解説

まずは、わかっていることをまとめて、下の図のように表を埋めていこう。

Ⓒ国語がとくいな人はウサギを飼っている。

とくいな科目	ペット
国語	ウサギ
	イヌ

Ⓖイヌを飼っている人の右どなりの人はウサギを飼っている。

Ⓓ体育がとくいな人の左どなりに、ネコを飼っている人がいる。

とくいな科目	ペット
体育	
	ネコ

ここで、Ⓔを考えると、さくらは左の端にいるので、国語と体育がとくいではない。社会もちがうので、さくらのとくいな科目は図工だとわかる。

↓

Ⓕより、社会がとくいなのは、やよいかこうただが、やよいだとすると、上の図でまとめてわかっていることがうまく表におさまらなくなる。よって、社会はこうたのとくいな科目だとわかる。

↓

ここまでわかったことを表にまとめると、こうたのペットだけが空欄になる。ここから小鳥を飼っているのはこうただとわかる。

	とくいな科目	ペット
こうた	社会	小鳥
たすく	国語	ウサギ
やよい	体育	イヌ
さくら	図工	ネコ

6章 回想録

ネルは、すっかり変わったよな～！
今では毎日ニコニコで
学校、楽しそうだもんな

前は、笑顔を作らなければと考えて
笑顔を作っていたけど、
今では、みんなと話していると、
自然と笑顔が出てくるんです

私たちもネルが来てから、変わったよね。
前よりも「考えること」を大切にするようになった。
これは、平場博士と
そうすけくんのおかげでもあるかな……

そう言えば、来年、そうすけがこの町に
引っ越してくるそうですよ。
中学校はおそらく棗中になると言っていました

ええっ!!　じゃあ、同じ学校になるの!?
やったあ！　ぜったい、なぞ解きクラブ結成しようぜ
なんてったって、オレたちは
未来を変える、最強の「知の戦士」だからな

著者

北村　良子（きたむら　りょうこ）

1978年生まれ。有限会社イーソフィア代表取締役。

パズル作家として、新聞や雑誌、TV 番組などのパズルを作成し、子ども向けからビジネスパーソン向けまで、幅広く執筆している。

著書は、『論理的思考力を鍛える３３の思考実験』（彩図社）、『キミの答えで結末が変わる　５分間思考実験ストーリー』（幻冬舎）、『楽しみながらステップアップ！ 論理的思考力が6時間で身につく本』（大和出版）、『論理的な人の27の思考回路』（フォレスト出版）、『論理的思考力がぐ～んと伸びる こども「思考実験」』（コスモ２１）、『考える力を鍛える論理的思考レッスン』（マガジンハウス）他多数。

イラスト

小倉マユコ（おぐら　まゆこ）

イラストレーター。東京大学文学部卒業。

透明水彩による鮮やかな色彩や質感を活かしたタッチで、書籍、雑誌、広告等でイラストを多く手掛けている。

スタッフ

本文デザイン／中トミデザイン
校正／文字工房 燦光
編集協力／みっとめるへん社
編集担当／柳沢裕子（ナツメ出版企画株式会社）

本書に関するお問い合わせは、書名・発行日・該当ページを明記の上、下記のいずれかの方法にてお送りください。電話でのお問い合わせはお受けしておりません。
・ナツメ社 web サイトの問い合わせフォーム
https://www.natsume.co.jp/contact
・FAX(03-3291-1305)
・郵送（下記、ナツメ出版企画株式会社宛て）
なお、回答までに日にちをいただく場合があります。正誤のお問い合わせ以外の書籍内容に関する解説・個別の相談は行っておりません。あらかじめご了承ください。

読解力と思考力を鍛える！
なぞ解きストーリードリル　論理トレーニング

2023年5月2日　初版発行

著　者　北村良子
発行者　田村正隆

発行所　株式会社ナツメ社
東京都千代田区神田神保町1-52　ナツメ社ビル１Ｆ（〒101-0051）
電話 03(3291)1257　FAX 03(3291)5761
振替 00130-1-58661

制　作　ナツメ出版企画株式会社
東京都千代田区神田神保町1-52　ナツメ社ビル３Ｆ（〒101-0051）
電話 03(3295)3921（代表）

印刷所　株式会社リーブルテック

ISBN978-4-8163-7359-6　　Printed in Japan

『読解力と思考力を鍛える！ なぞ解きストーリードリル 論理トレーニング』

1日2ページ×30日完成

別冊 復習ドリル

「なぞ解きストーリードリル」を解き終えたら、
つぎはこのドリルに挑戦しよう！
1日2ページ取り組むことを目標にしてね。
問題の答えは、つぎのページの左下にのっているので、
解いたら答え合わせをしよう。

『別冊復習ドリル』の使い方

『なぞ解きストーリードリル』に出てきた問題と同じ形式の問題を解いて、復習しよう。

国語力を鍛える国語パズル

論理力を鍛える論理問題

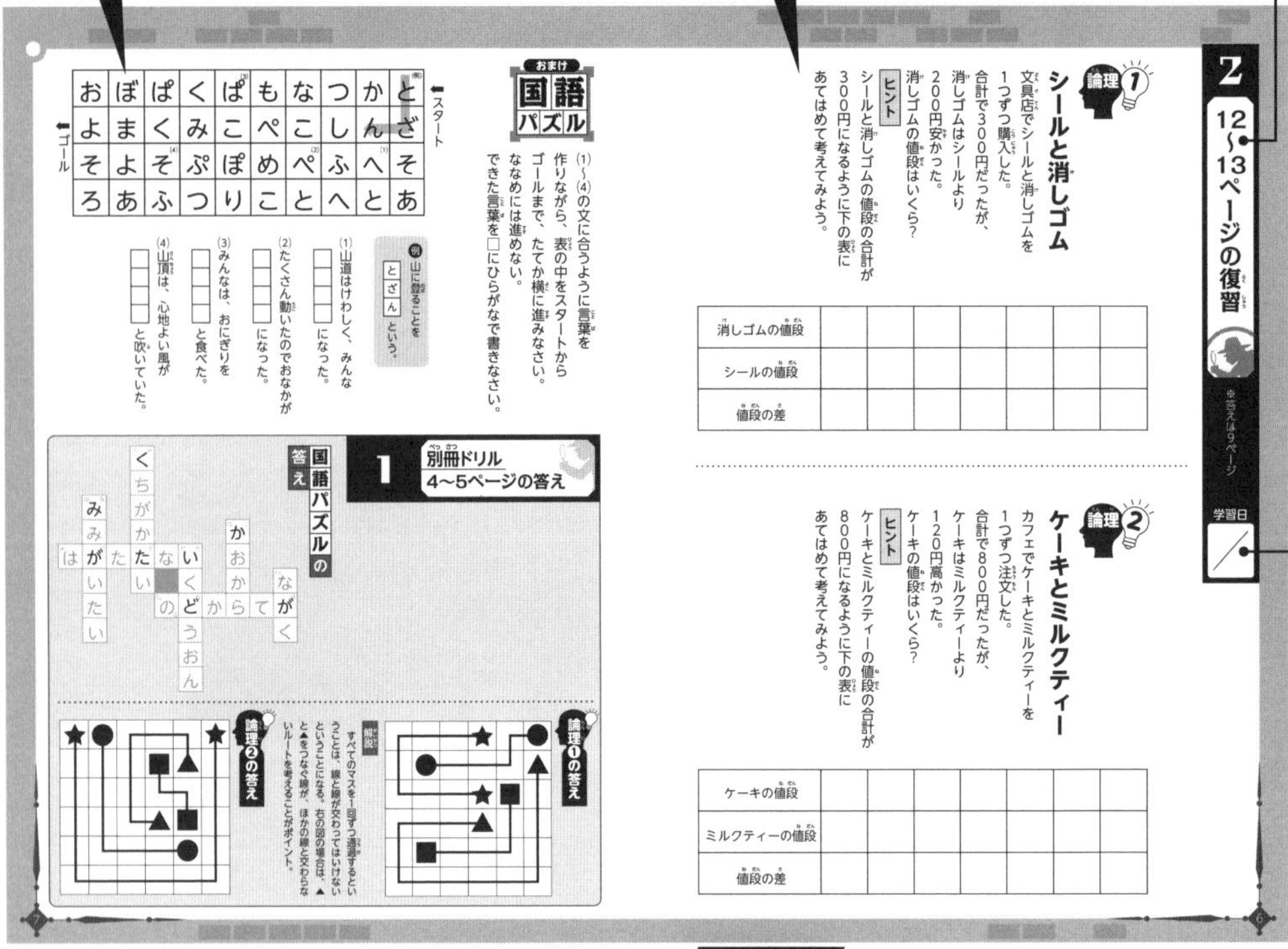

学習した日を書いておこう。

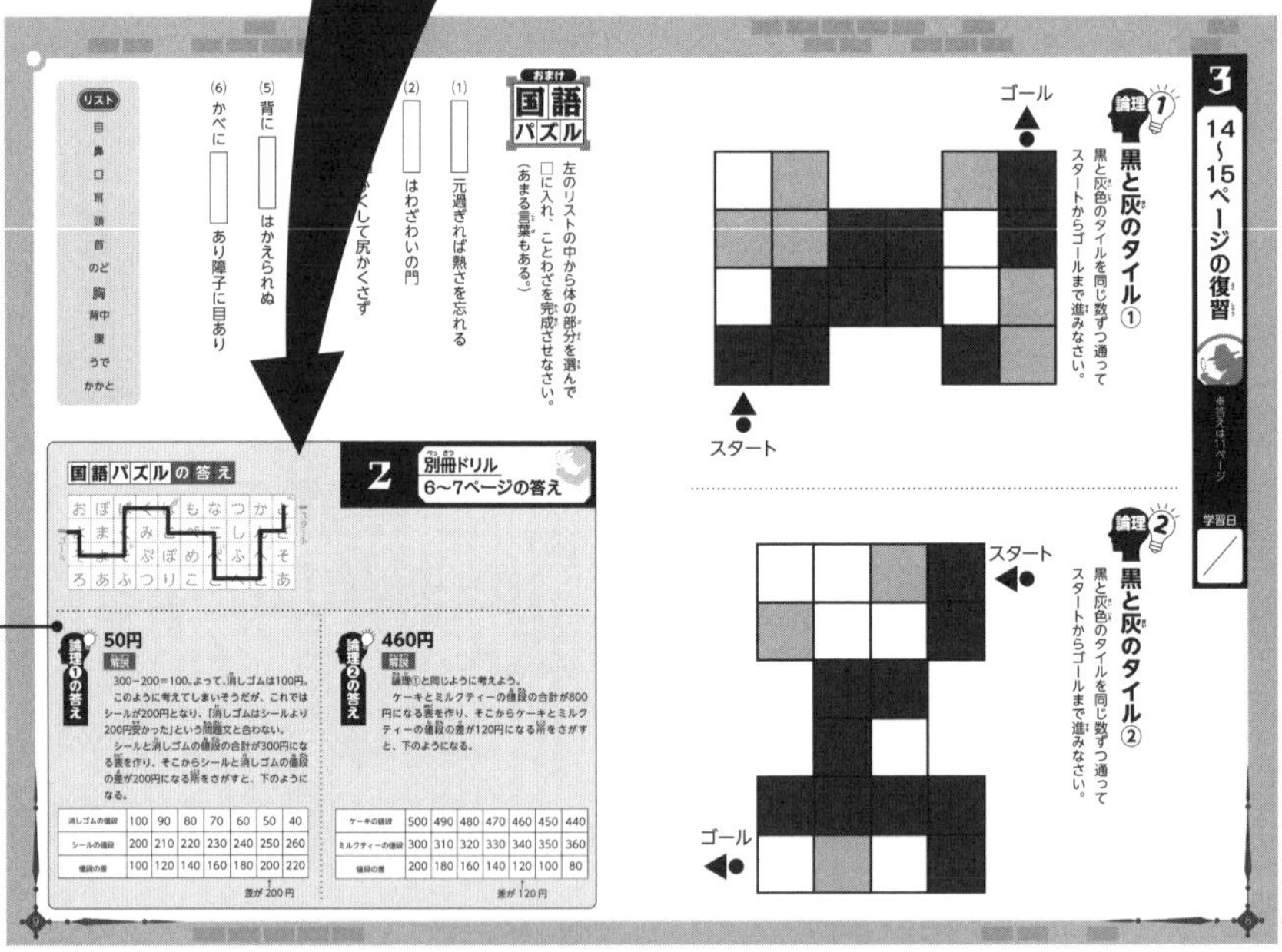

答えと解説はつぎのページの左下にのっているよ。（62〜63ページの答えのみ、5ページに掲載）

チェックリスト

取り組んだ問題に、しるしをつけていこう。

正解……◎、答えを見て理解した……○、答えを見てもわからない……△

答えや解説を見てもわからない問題は、大人の人に説明してもらうといいね。

	ページ	論理①	論理②	国語パズル
1	4-5			
2	6-7			
3	8-9			
4	10-11			
5	12-13			
6	14-15			
7	16-17			
8	18-19			
9	20-21			
10	22-23			
11	24-25			
12	26-27			
13	28-29			
14	30-31			
15	32-33			

	ページ	論理①	論理②	国語パズル
16	34-35			
17	36-37			
18	38-39			
19	40-41			
20	42-43			
21	44-45			
22	46-47			
23	48-49			
24	50-51			
25	52-53			
26	54-55			
27	56-57			
28	58-59			
29	60-61			
30	62-63			

1 10～11ページの復習

※答えは7ページ

学習日 ／

論理① マークをつないで①

ルールにしたがって同じマーク同士をつなぎなさい。

ルール
すべてのマスを1回ずつ通過する。
マークのあるマスは通れない。

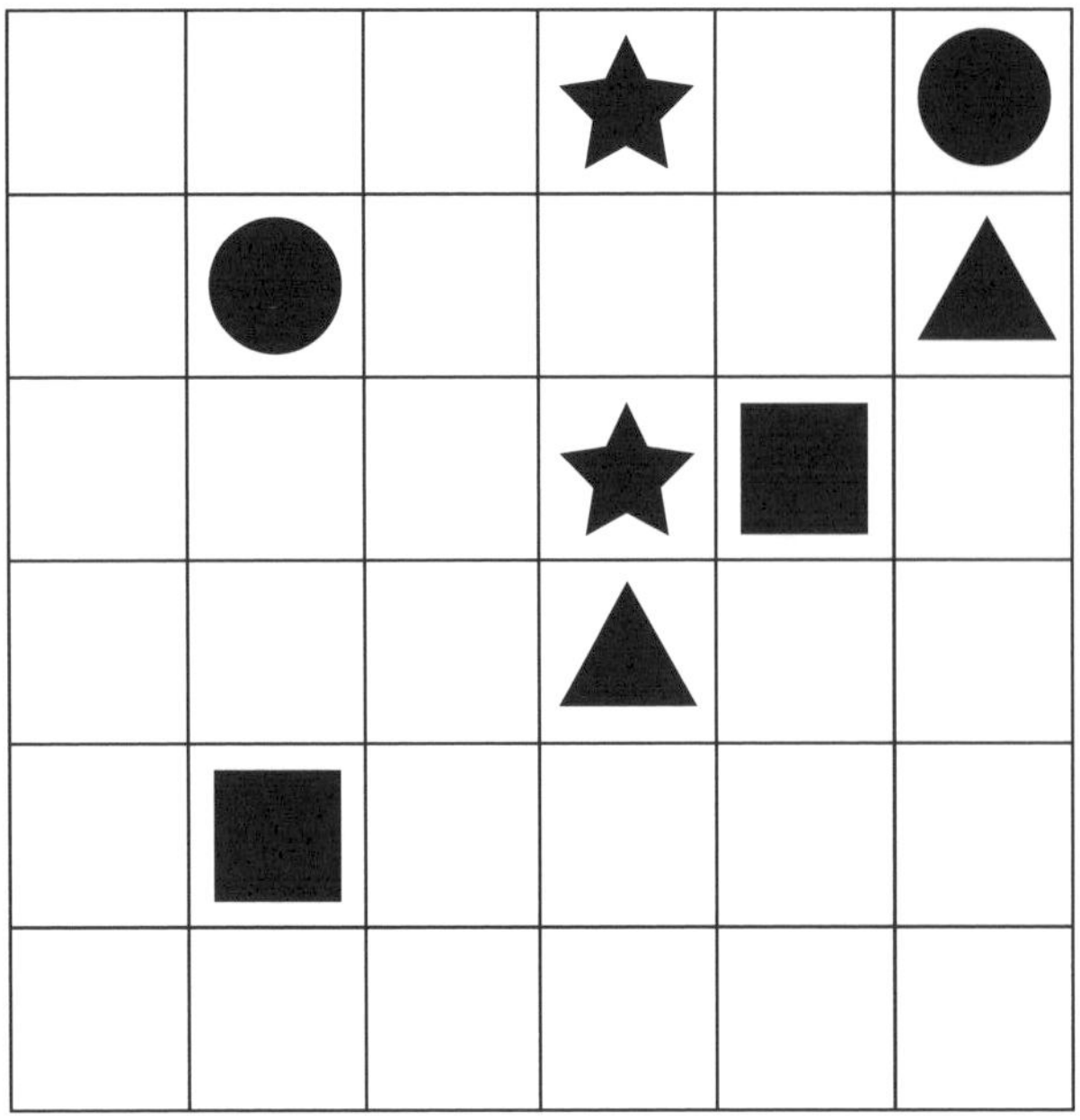

論理② マークをつないで②

ルールにしたがって同じマーク同士をつなぎなさい。

ルール
すべてのマスを1回ずつ通過する。
マークのあるマスは通れない。

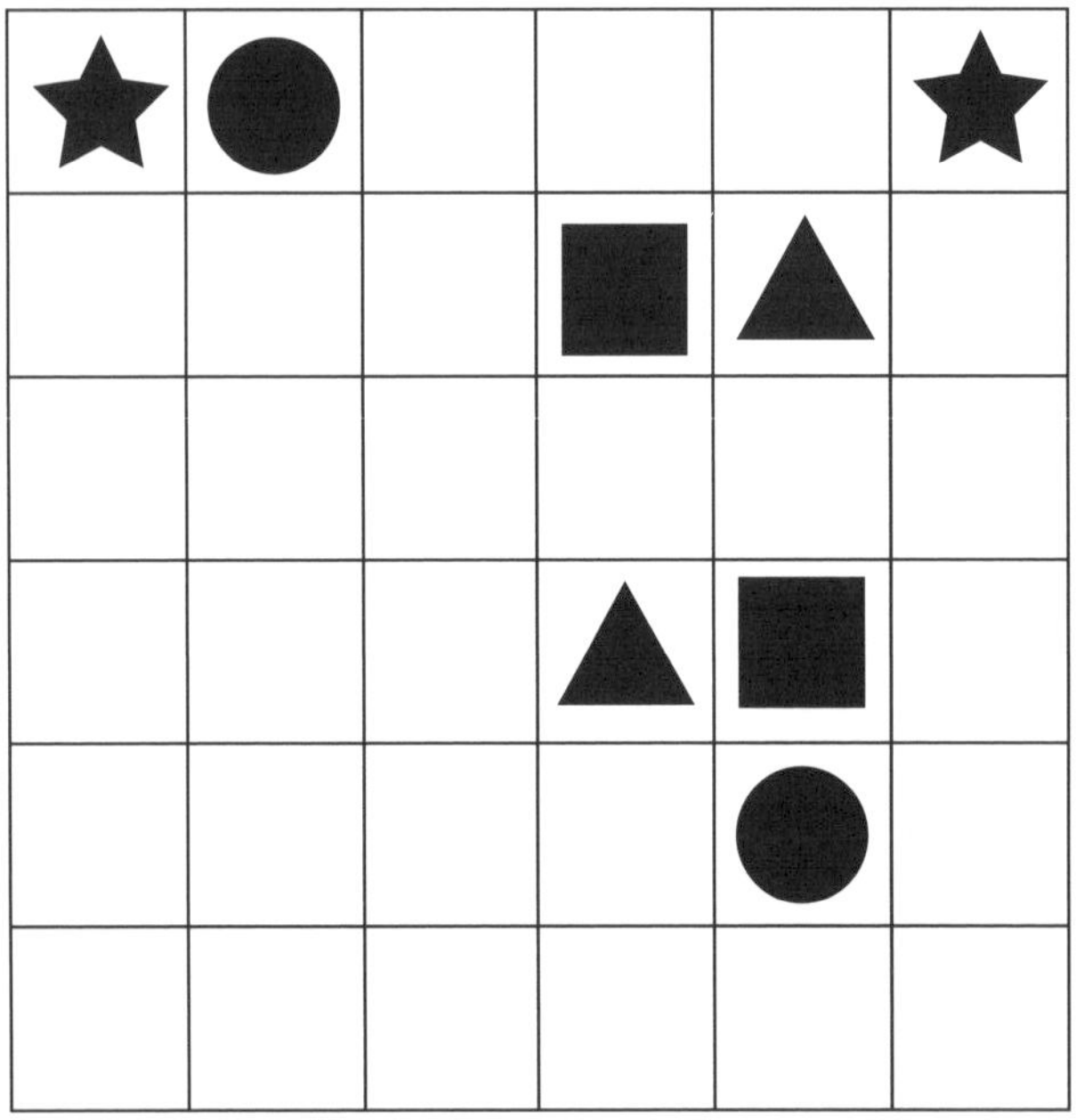

おまけ

国語パズル

ヒントの□に合う言葉になるように、A～Hにひらがなを書きなさい。

タテのヒント

(1) ぜったいにヒミツを話さないとは□人だ。

(2) 小言を言われて□。

(3) 人前で失敗をして□火が出るようだ。

(5) クラスのみんなは□に賛成した。

(6) 連絡が来るのを首を□して待っている。

ヨコのヒント

(4) 将棋の腕前では父に□。

(7) 新しいゲームが、□出るほどほしい。

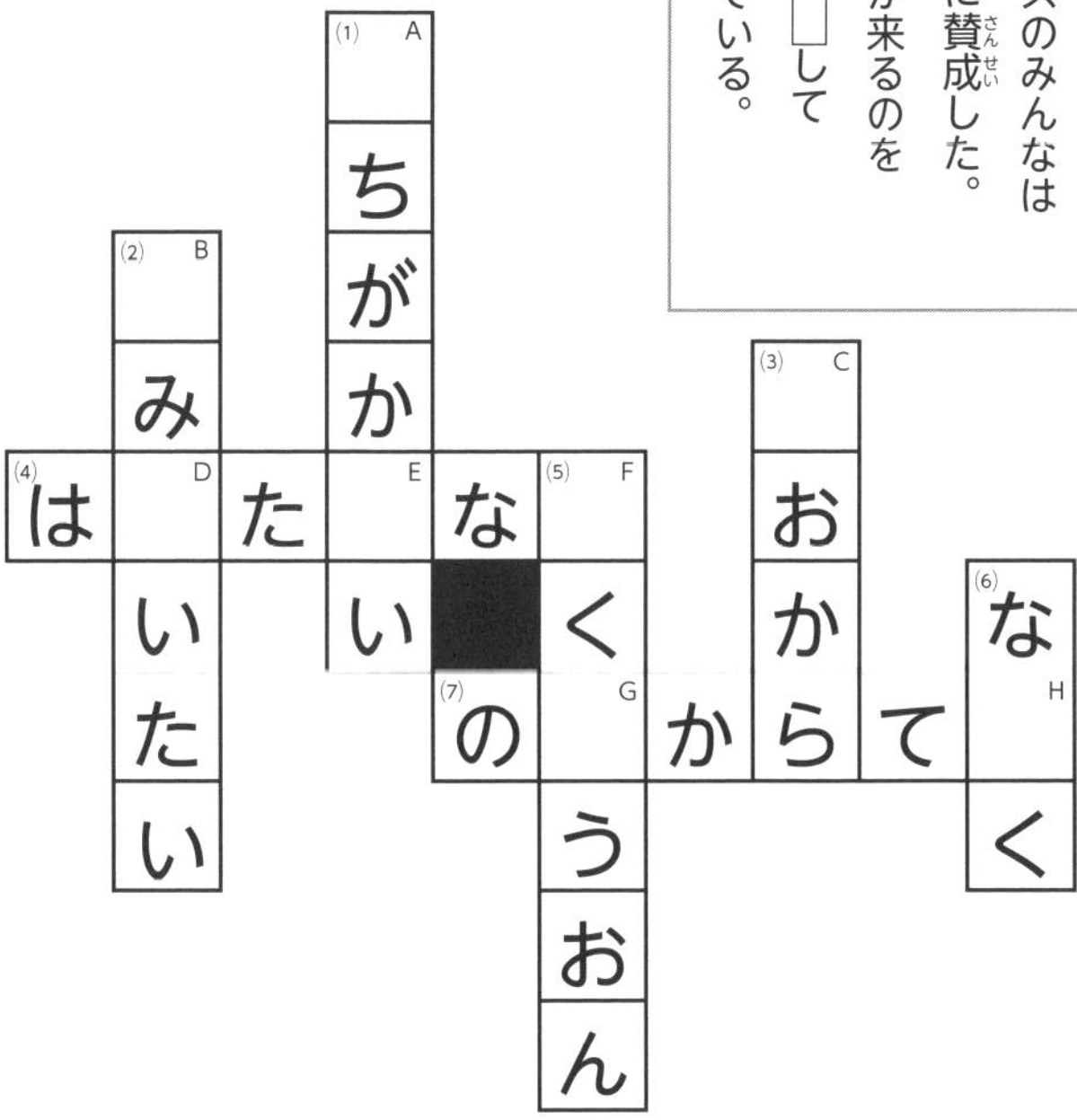

30 別冊ドリル 62～63ページの答え

国語パズルの答え

蛙(かえる) 蛇(へび) 蛤(はまぐり) 蟹(かに)

蝶(ちょう) 蟬(せみ) 蠍(さそり) 蚕(かいこ)

蚊(か) 蛾(が) 蟻(あり) 蜂(はち)

論理①の答え

① 2 [+] 3 [×] 3 [−] 1＝10

② 4 [×] 4 [−] 2 [−] 4＝10

③ 5 [+] 1 [+] 7 [−] 3＝10

①2□3□3□1＝10
→「＋・×・－」または「×・＋・＋」

②4□4□2□4＝10
→「＋・－・＋」または「×・－・－」

③5□1□7□3＝10
→「＋・＋・－」

解説

上の２つの式は、右のように２通りずつ作り方がある。リストから選ぶことを考えると、答えが１通りに決まる。

論理1

シールと消しゴム

文具店でシールと消しゴムを1つずつ購入した。
合計で300円だったが、消しゴムはシールより200円安かった。
消しゴムの値段はいくら？

ヒント
シールと消しゴムの値段の合計が300円になるように下の表にあてはめて考えてみよう。

消しゴムの値段							
シールの値段							
値段の差							

論理2

ケーキとミルクティー

カフェでケーキとミルクティーを1つずつ注文した。
合計で800円だったが、ケーキはミルクティーより120円高かった。
ケーキの値段はいくら？

ヒント
ケーキとミルクティーの値段の合計が800円になるように下の表にあてはめて考えてみよう。

ケーキの値段							
ミルクティーの値段							
値段の差							

おまけ

国語パズル

(1)～(4)の文に合うように言葉を作りながら、表の中をスタートからゴールまで、タテかヨコに進みなさい。ななめには進めない。できた言葉を□にひらがなで書きなさい。

←ゴール　　　　　　　　　　　　　　　　　　←スタート

お	ぼ	ぱ	く	(3)ぱ	も	な	つ	か	(例)と
よ	ま	く	み	こ	ぺ	こ	し	ん	ざ
そ	よ	(4)そ	ぷ	ぽ	め	(2)ぺ	ふ	(1)へ	そ
ろ	あ	ふ	つ	り	こ	と	へ	と	あ

例 山に登ることを［と］［ざ］［ん］という。

(1) 山道はけわしく、みんな□□□□になった。

(2) たくさん動いたのでおなかが□□□□になった。

(3) みんなは、おにぎりを□□□□と食べた。

(4) 山頂は、心地よい風が□□□□と吹いていた。

1 別冊ドリル 4～5ページの答え

国語パズルの答え

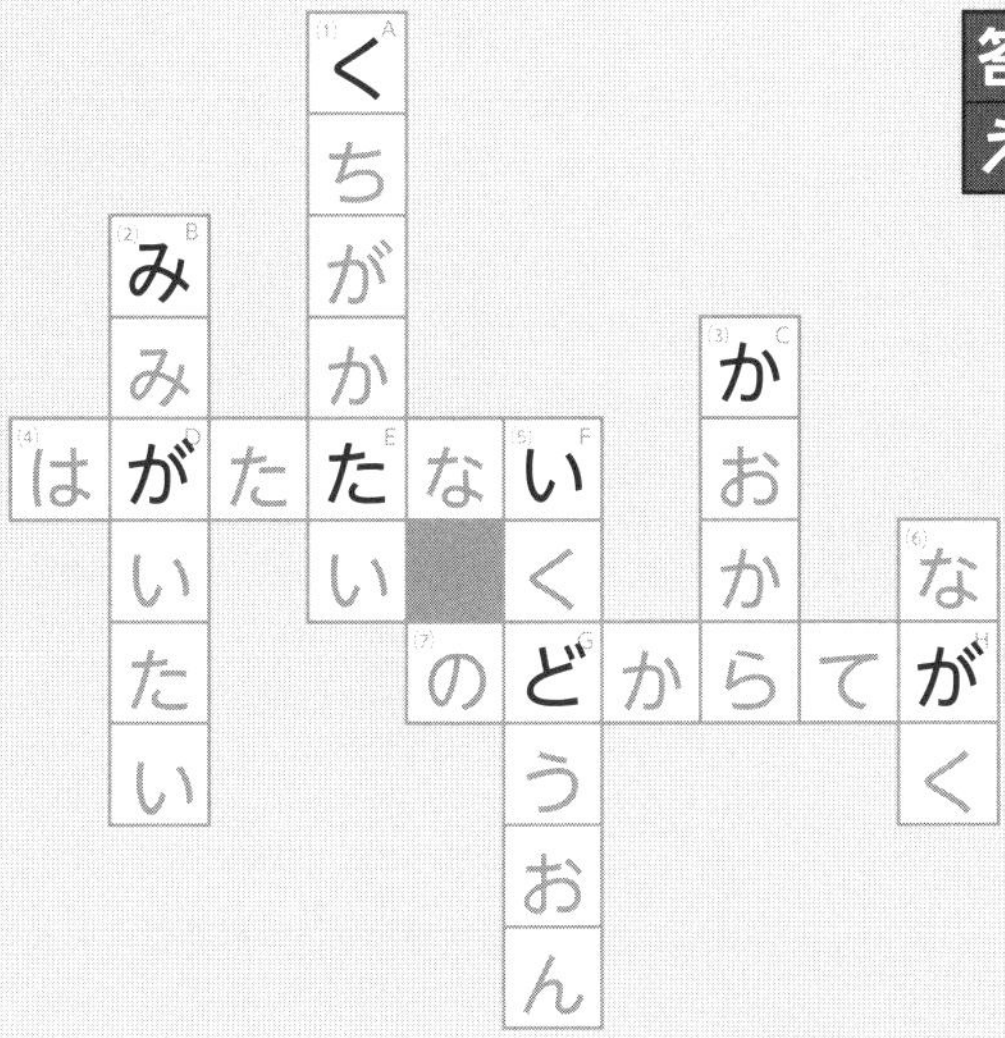

論理①の答え

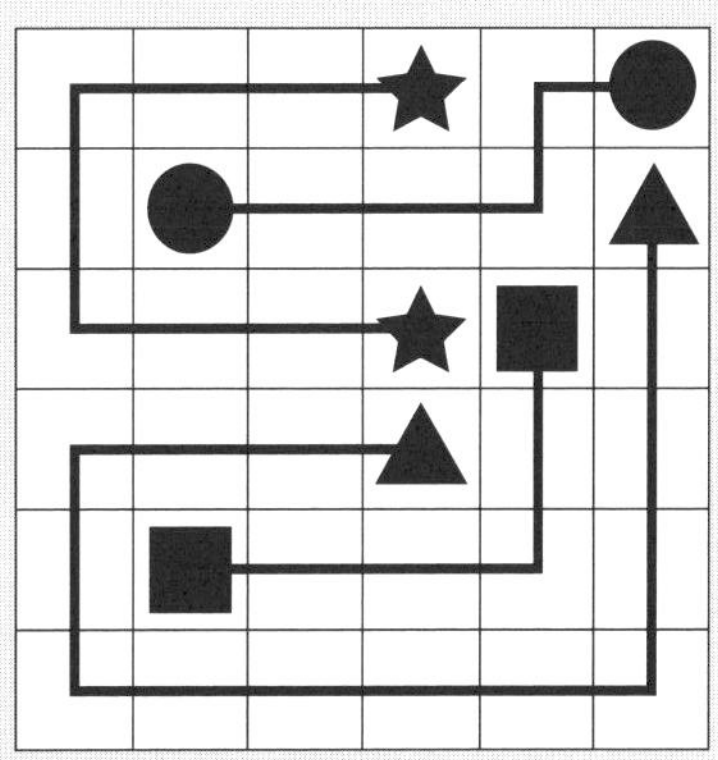

解説　すべてのマスを1回ずつ通過するということは、線と線が交わってはいけないということになる。右の図の場合は、▲と▲をつなぐ線が、ほかの線と交わらないルートを考えることがポイント。

論理②の答え

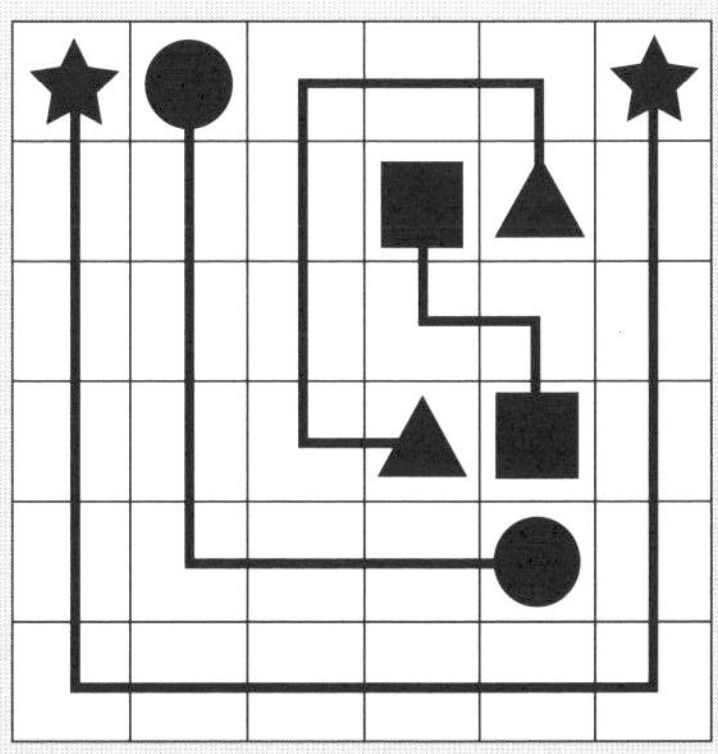

3

14~15ページの復習

※答えは11ページ

学習日 ／

論理① 黒と灰のタイル①

黒と灰色のタイルを同じ数ずつ通ってスタートからゴールまで進みなさい。

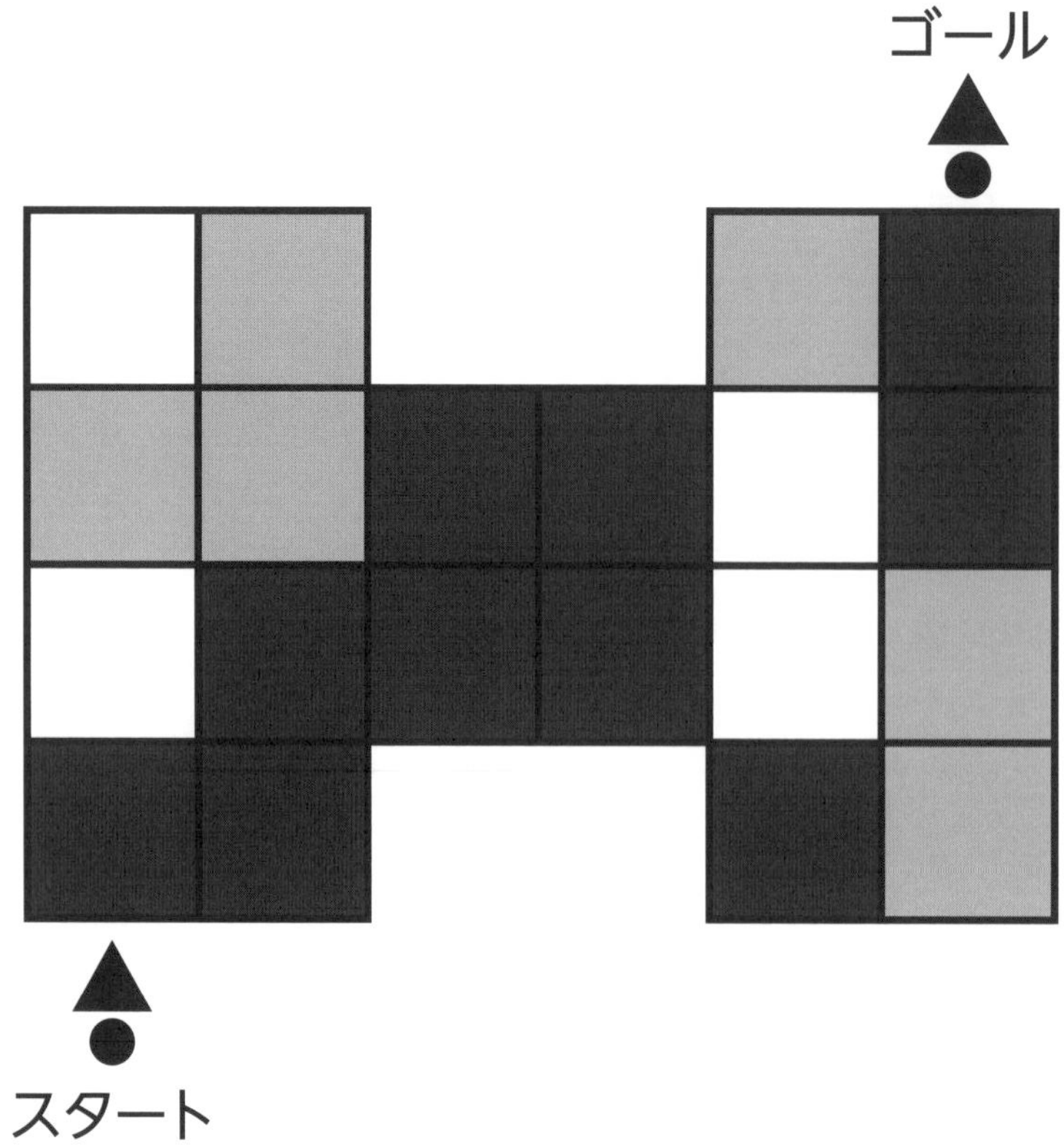

論理② 黒と灰のタイル②

黒と灰色のタイルを同じ数ずつ通ってスタートからゴールまで進みなさい。

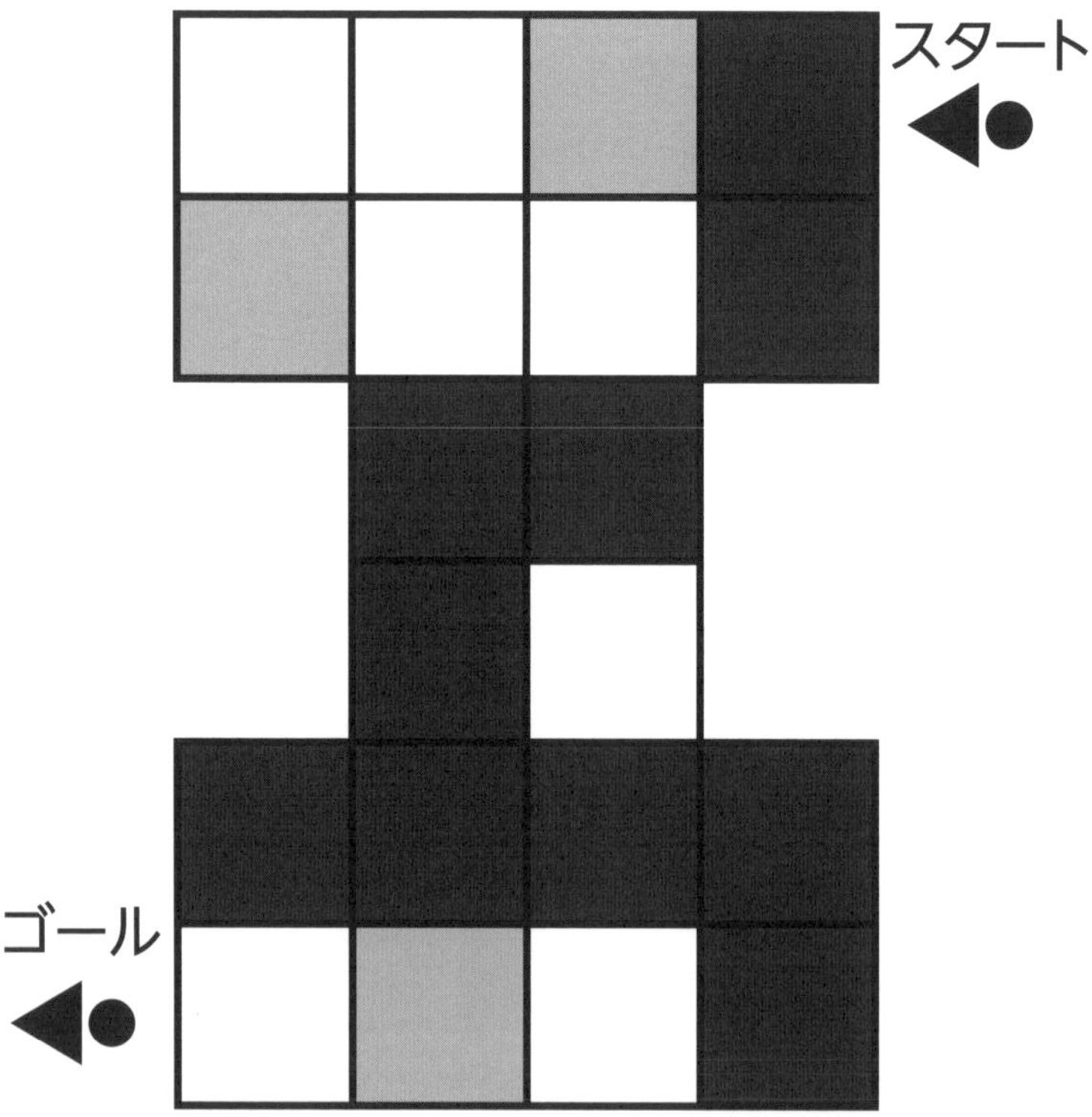

おまけ 国語パズル

左のリストの中から体の部分を選んで□に入れ、ことわざを完成させなさい。（あまる言葉もある。）

(1) □元過ぎれば熱さを忘れる

(2) □はわざわいの門

(3) □かくして尻かくさず

(4) □の上のたんこぶ

(5) 背に□はかえられぬ

(6) かべに□あり障子に目あり

リスト

目
鼻
口
耳
頭
首
のど
胸
背中
腹
うで
かかと

国語パズルの答え

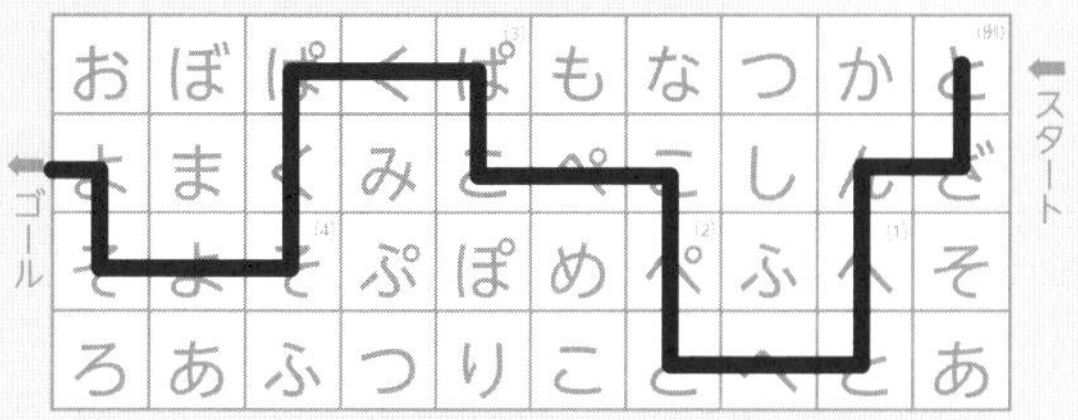

2 別冊ドリル 6〜7ページの答え

論理①の答え 50円

解説

300－200＝100。よって、消しゴムは100円。

このように考えてしまいそうだが、これではシールが200円となり、「消しゴムはシールより200円安かった」という問題文と合わない。

シールと消しゴムの値段の合計が300円になる表を作り、そこからシールと消しゴムの値段の差が200円になる所を探すと、下のようになる。

消しゴムの値段	100	90	80	70	60	50	40
シールの値段	200	210	220	230	240	250	260
値段の差	100	120	140	160	180	200	220

↑ 差が 200 円

論理②の答え 460円

解説

論理①と同じように考えよう。

ケーキとミルクティーの値段の合計が800円になる表を作り、そこからケーキとミルクティーの値段の差が120円になる所を探すと、下のようになる。

ケーキの値段	500	490	480	470	460	450	440
ミルクティーの値段	300	310	320	330	340	350	360
値段の差	200	180	160	140	120	100	80

↑ 差が 120 円

4 20～21ページの復習

※答えは13ページ

学習日 ／

論理1 並べかえパズル①

それぞれ4分割された文字を並べかえて正しい形にしなさい。完成した6文字で、できる言葉はなに？

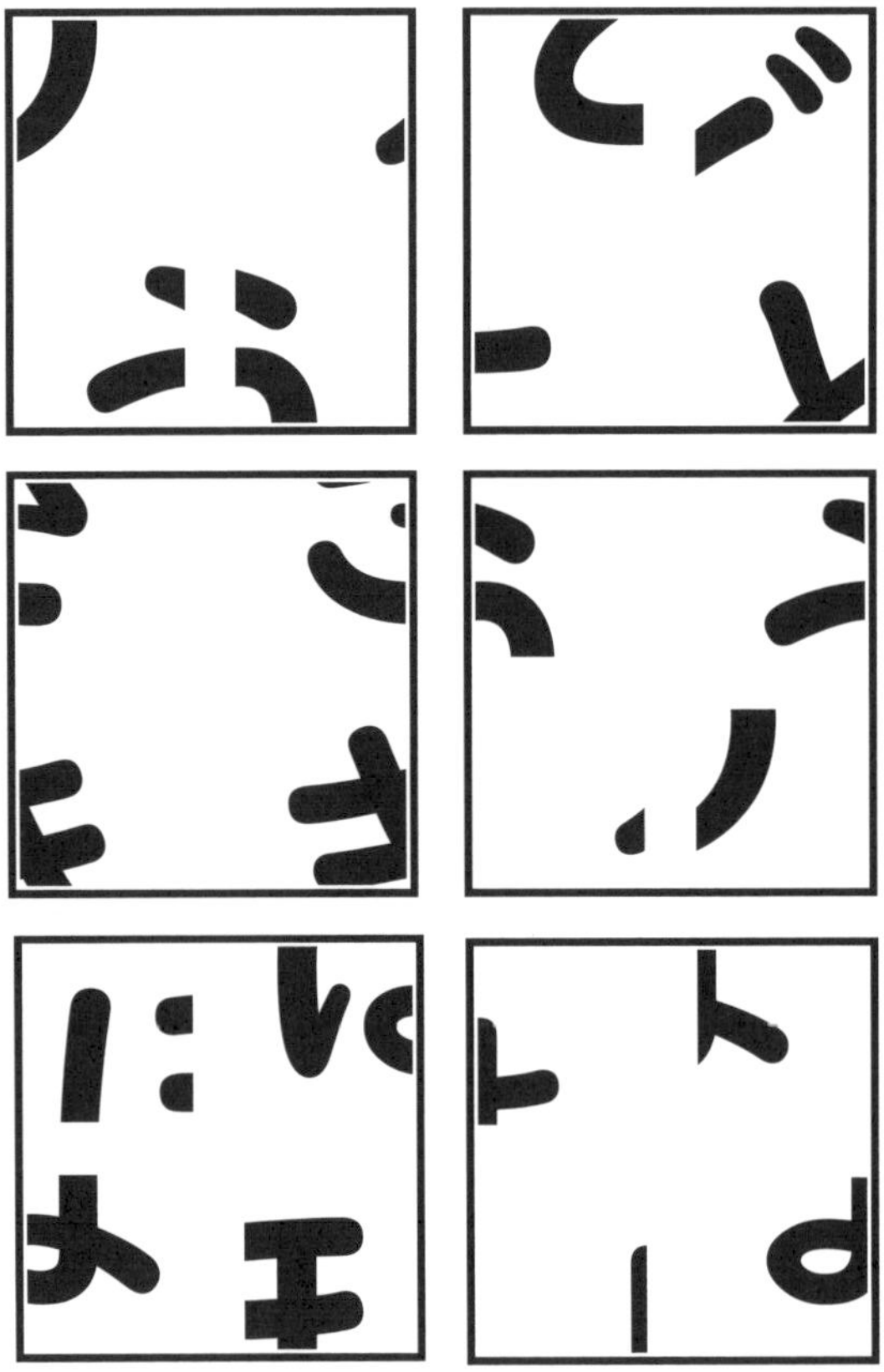

論理2 並べかえパズル②

それぞれ4分割された文字を並べかえて正しい形にしなさい。完成した6文字で、できる言葉はなに？

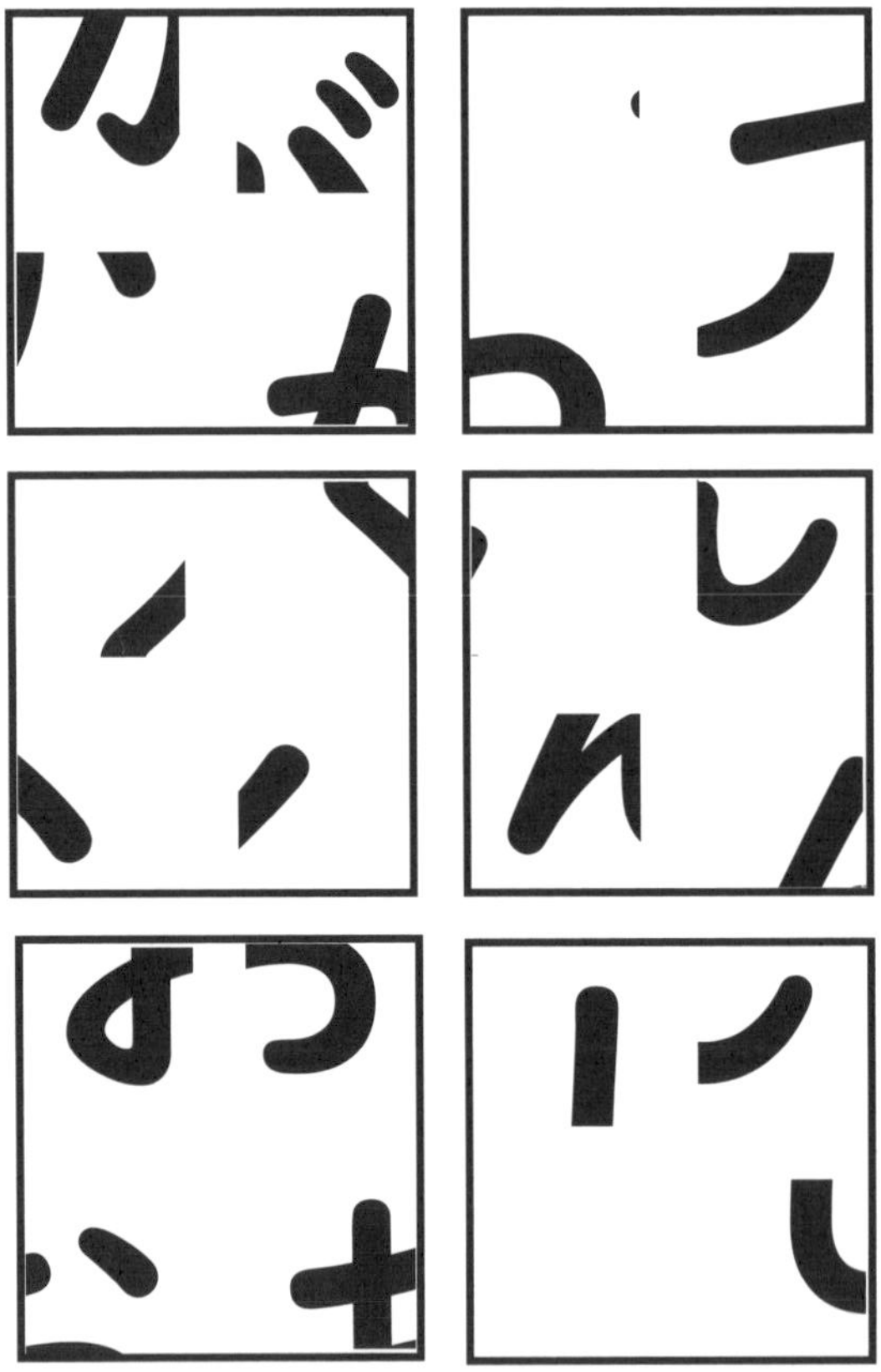

おまけ

国語パズル

ヒントの□に合う言葉になるように、リストから選んだ言葉をひらがなでマスに書きなさい。

リスト

唯一無二
一石二鳥
臨機応変
二人三脚
言語道断

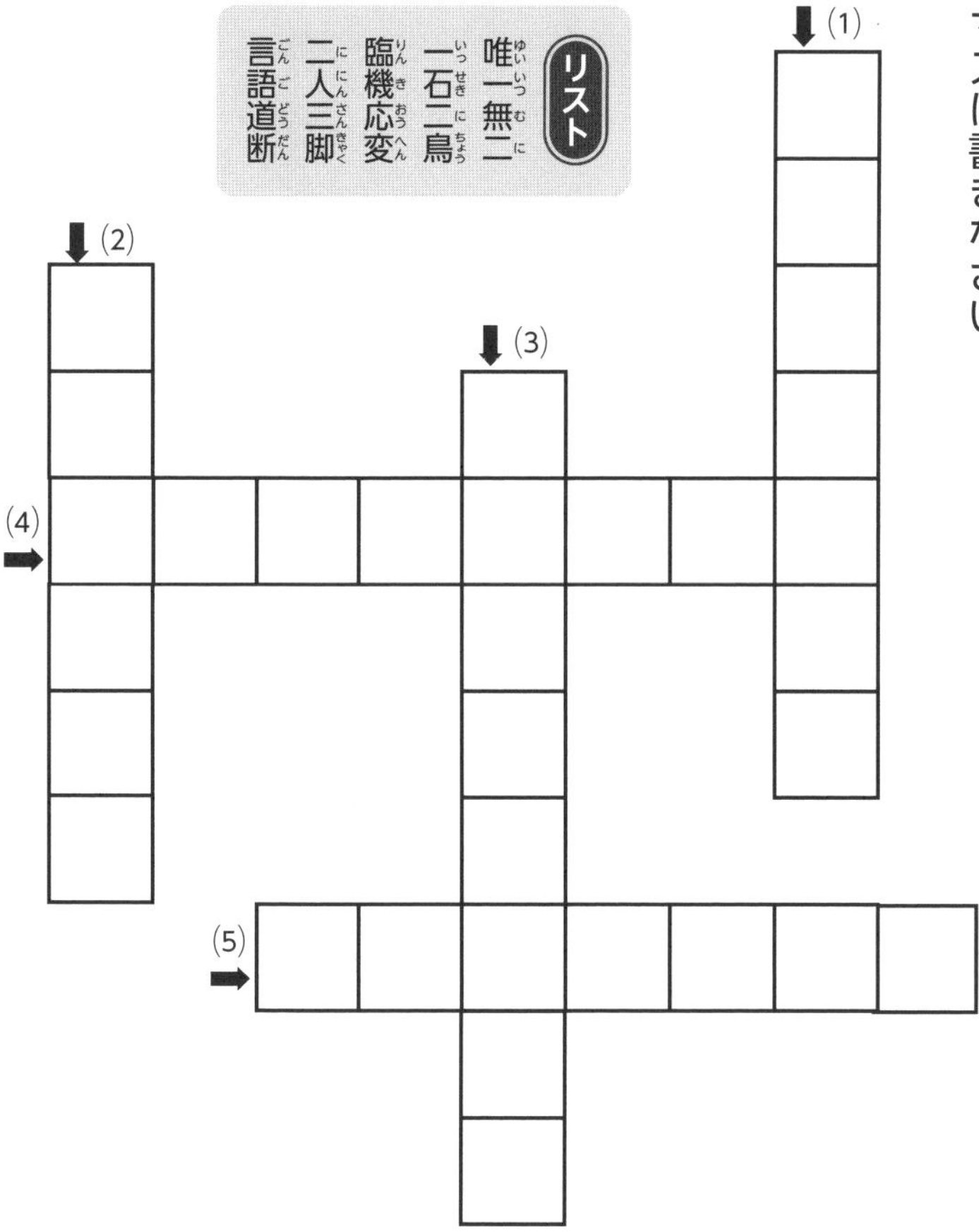

ヒント

(1) かべに落書きをするなんて□だ。
(2) ペットのミケは、私にとって□の存在だ。
(3) 我が家は小さい店をやっていて、両親が□でがんばっている。
(4) □の、いい方法を見つけた。
(5) 窓口の仕事は、□に対応できる力が必要だ。

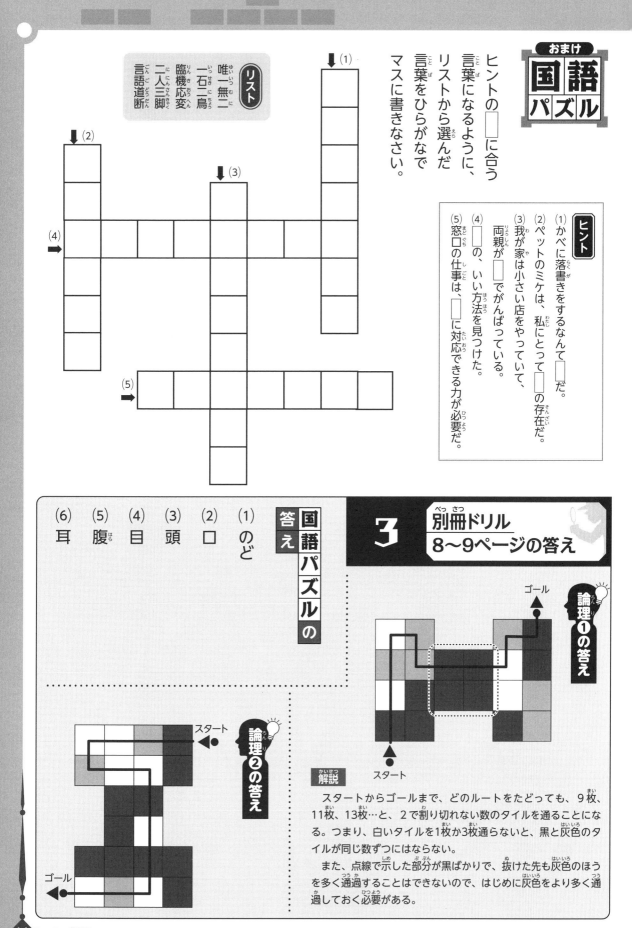

3 別冊ドリル 8〜9ページの答え

国語パズルの答え

(1) のど
(2) 口
(3) 頭
(4) 目
(5) 腹
(6) 耳

論理①の答え

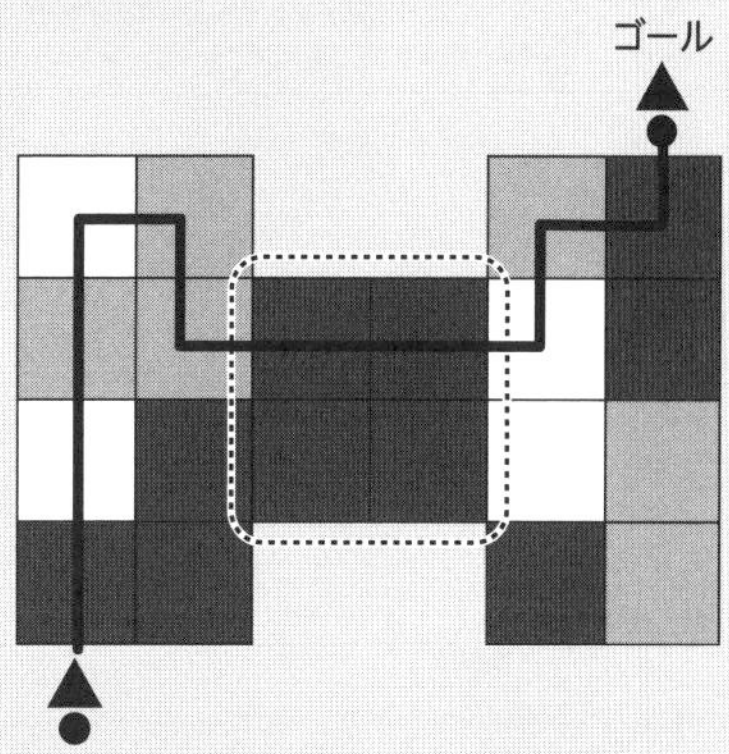

解説

スタートからゴールまで、どのルートをたどっても、9枚、11枚、13枚…と、2で割り切れない数のタイルを通ることになる。つまり、白いタイルを1枚か3枚通らないと、黒と灰色のタイルが同じ数ずつにはならない。

また、点線で示した部分が黒ばかりで、抜けた先も灰色のほうを多く通過することはできないので、はじめに灰色をより多く通過しておく必要がある。

論理②の答え

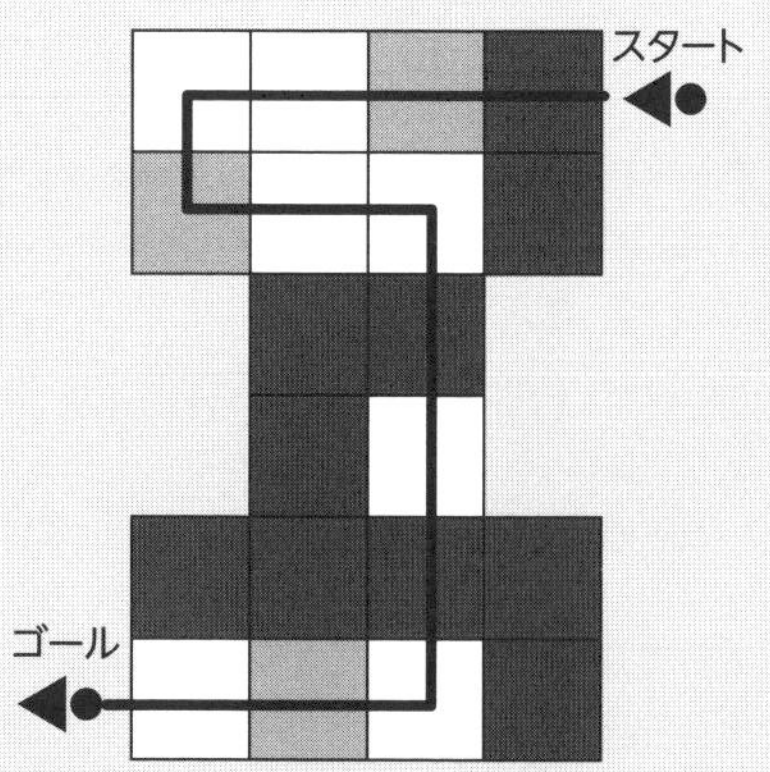

論理① 合うピースはどれ？①

2枚のピースを合わせて、四角を作りなさい。
上のピースと合わせると、四角になるのはどれ？

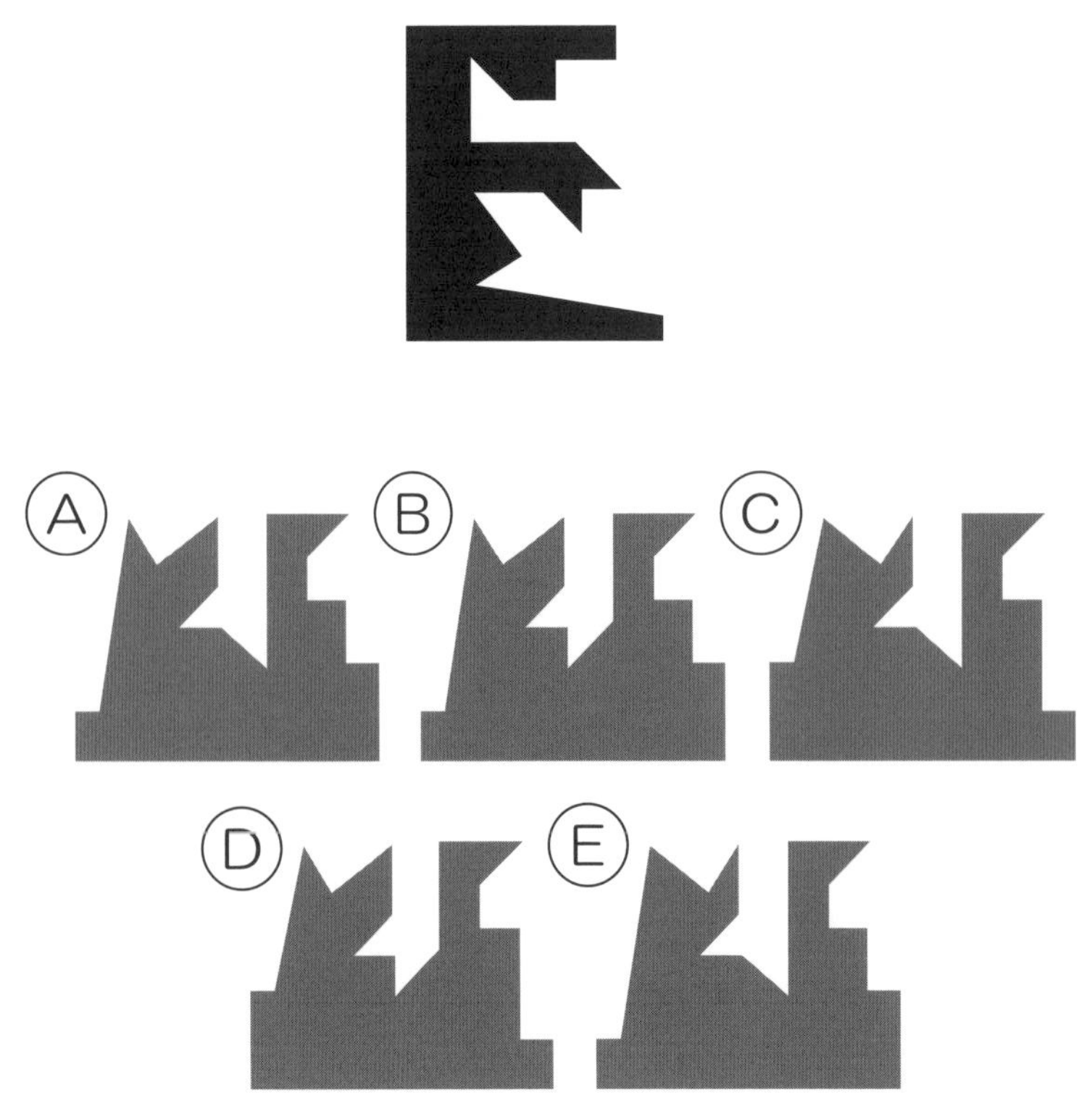

論理② 合うピースはどれ？②

2枚のピースを合わせて、正六角形を作りなさい。
上のピースと合わせると、正六角形になるのはどれ？

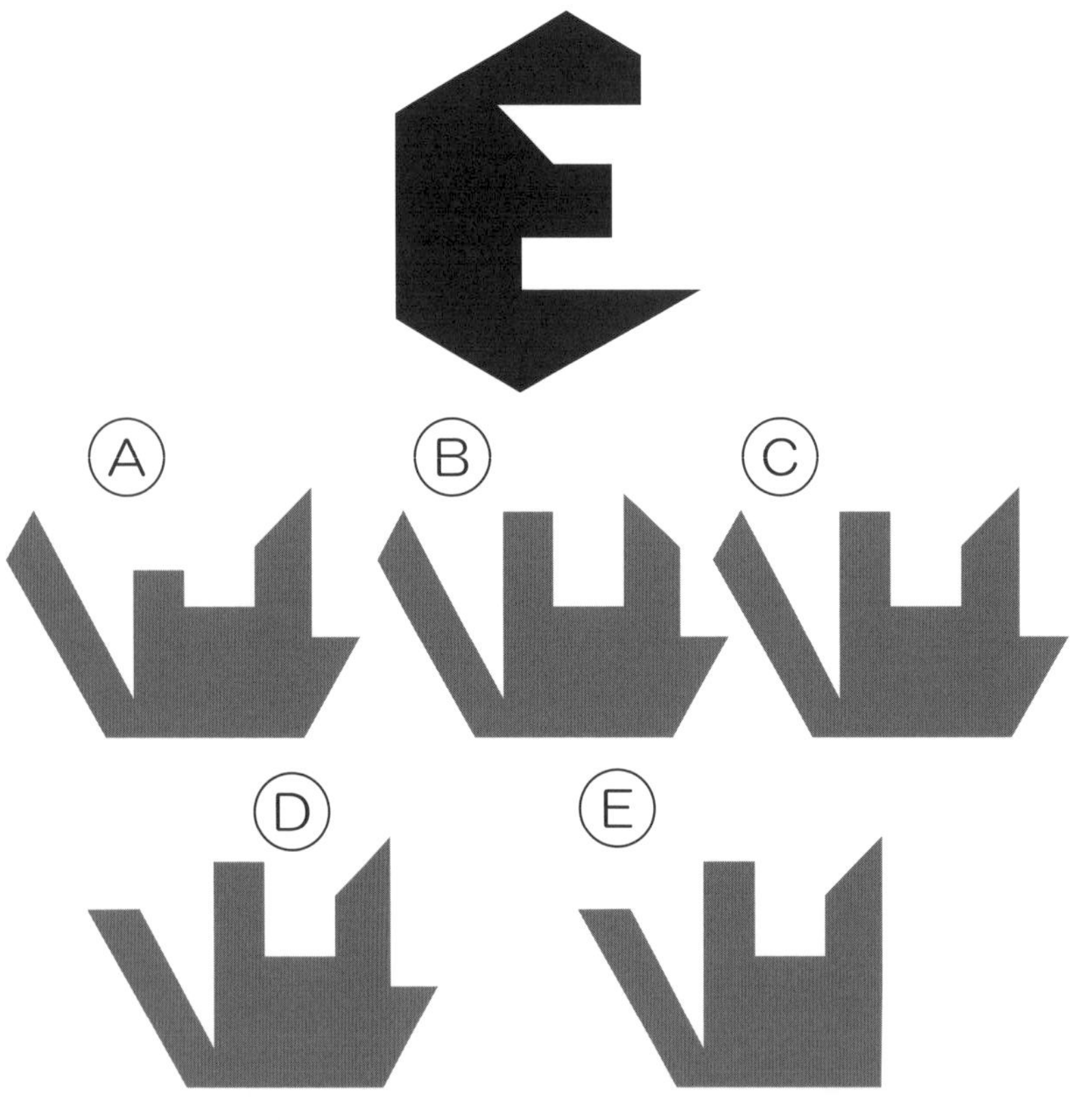

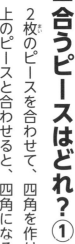

おまけ
国語パズル

左のリストの中から生きものを選んで□に入れ、ことわざを完成させなさい。（あまる言葉もある。）

(1) □も歩けば棒に当たる

(2) □も鳴かずば撃たれまい

(3) やぶをつついて□を出す

(4) □がねぎをしょってくる

(5) 捕らぬ□の皮算用

(6) □の耳に念仏

リスト

いぬ
ねこ
うさぎ
きつね
たぬき
うま
うし
かも
きじ
にわとり
へび
かえる

4 別冊ドリル 10〜11ページの答え

論理①の答え

ほどうきょう

解説 推理力と語彙力が試される問題で、書かれている文字がひらがなであると、直感的にわかるかどうかがポイント。各ピースを移動させたときに、どんな形になるか想像力を働かせよう。「ょ」の文字が小さくなっていることを見落とさないように。

論理②の答え

おんがくしつ

国語パズルの答え

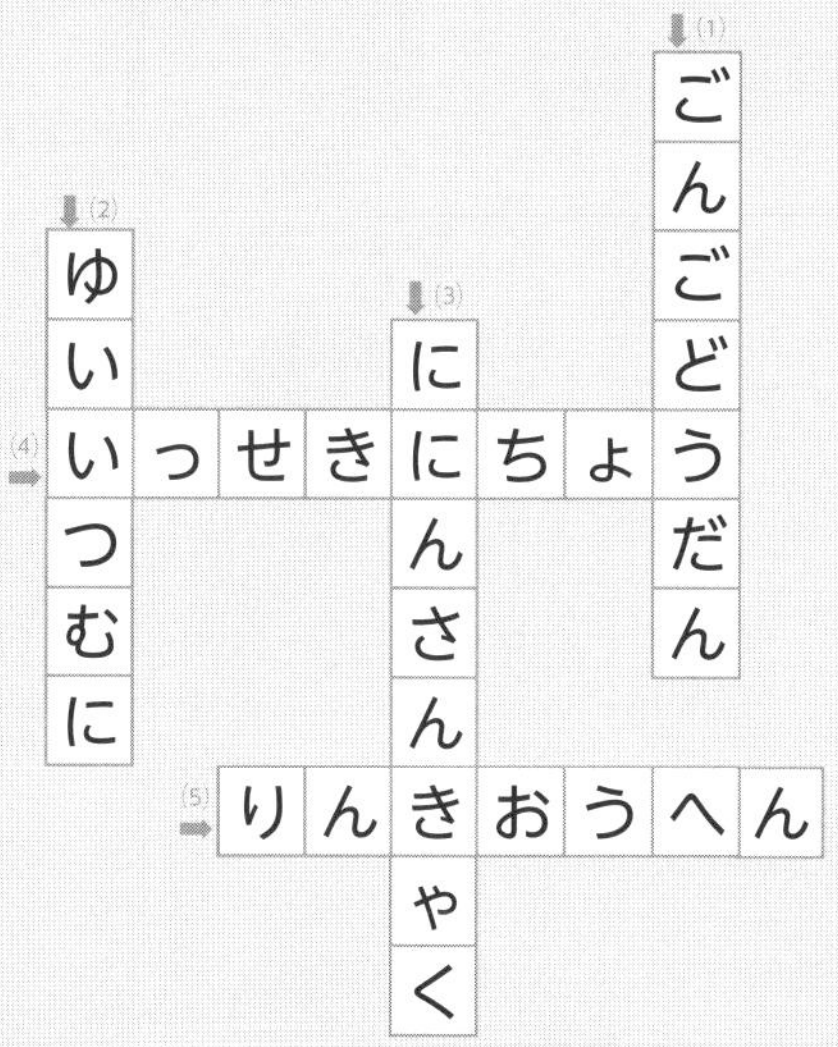

※答えは17ページ

学習日 ／

論理1
マークパズル①

ルールにしたがって、空いているマスにマークを入れて埋めなさい。

ルール
- ●タテの列に同じマークは1つずつ。
- ●ヨコの列に同じマークは1つずつ。

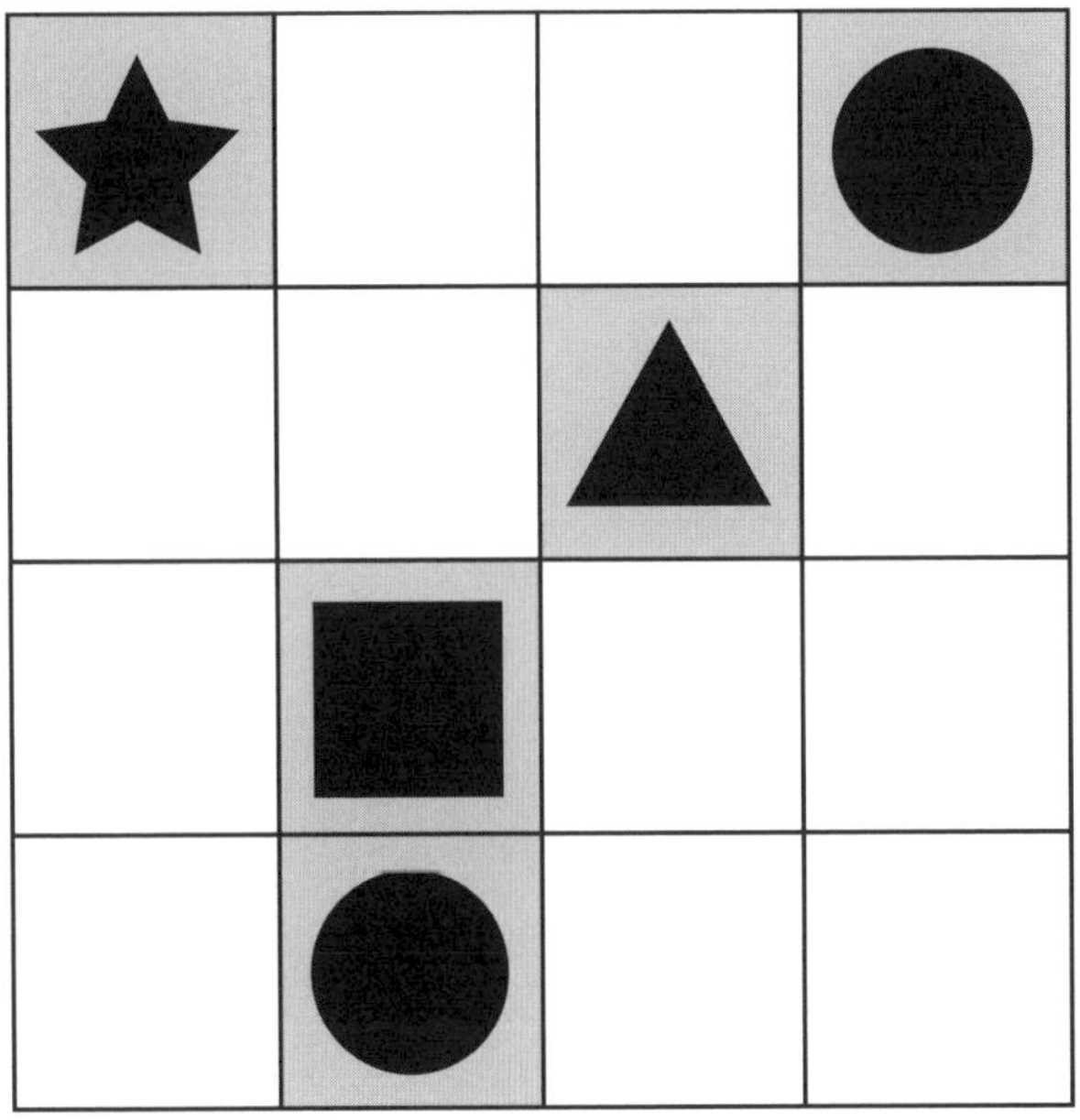

論理2
マークパズル②

ルールにしたがって、空いているマスにマークを入れて埋めなさい。

ルール
- ●タテの列に同じマークは1つずつ。
- ●ヨコの列に同じマークは1つずつ。

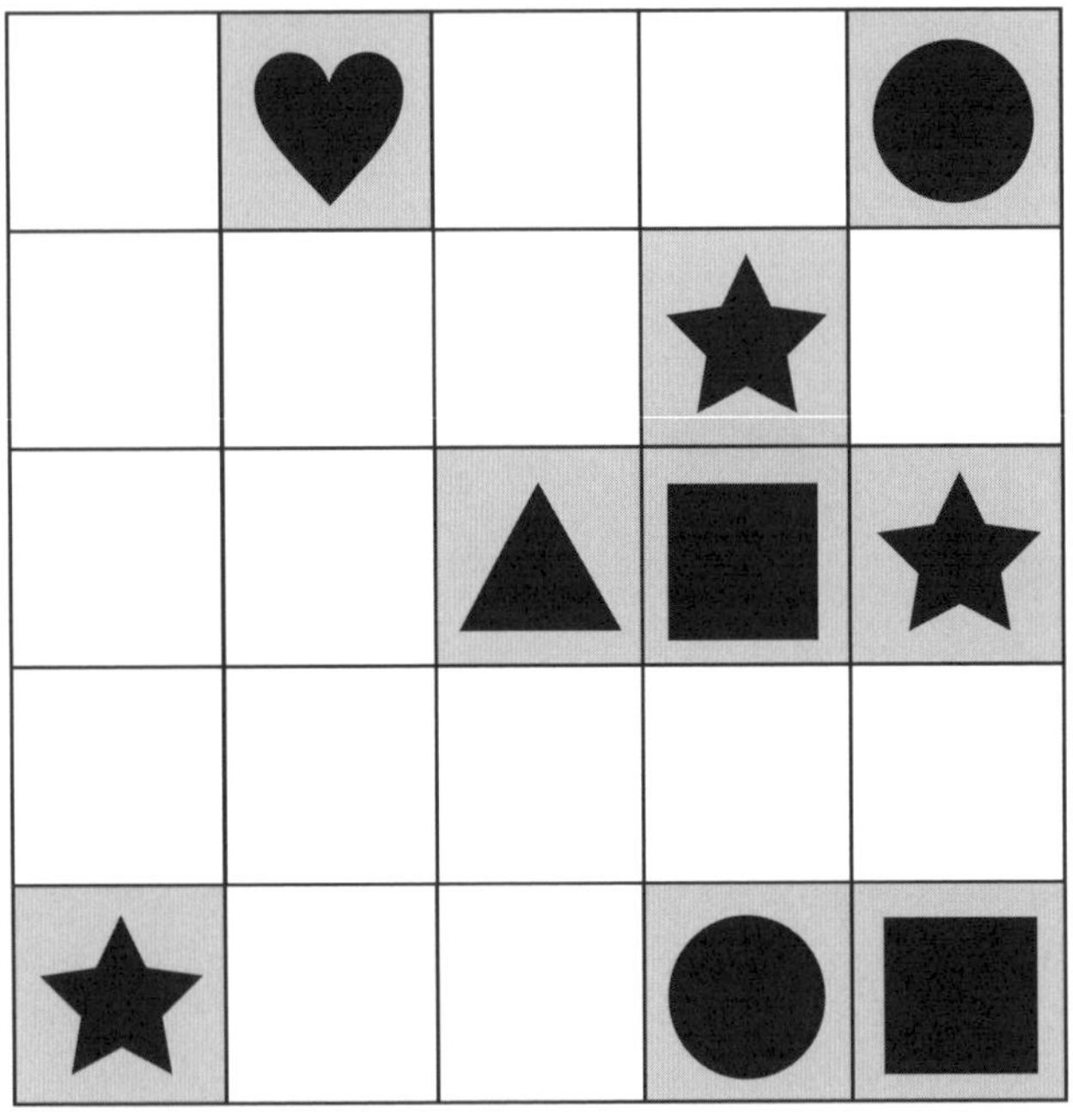

おまけ

国語パズル

反対の意味のことわざや慣用句がつながるように、左と右の点を線で結びなさい。

立つ鳥跡を濁さず ●	● とびが鷹を生む
好きこそものの上手なれ ●	● 船頭多くして船山に上る
早い者勝ち ●	● 残りものには福がある
渡る世間に鬼はない ●	● 人を見たらどろぼうと思え
蛙の子は蛙 ●	● 下手の横好き
三人寄れば文殊の知恵 ●	● 後は野となれ山となれ

5 別冊ドリル 12〜13ページの答え

国語パズルの答え

(1) いぬ
(2) きじ
(3) へび
(4) かも
(5) たぬき
(6) うま

論理①の答え

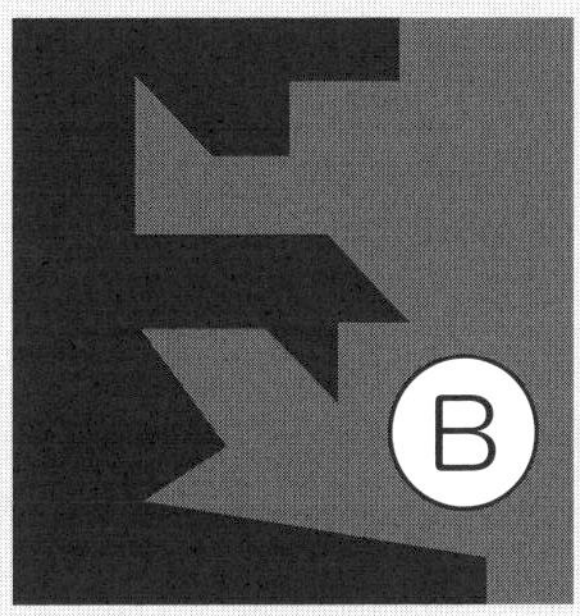

解説 下の図の、○がついている部分の形がカギになる。左右の高さなど、長さのちがいも見落とさないようにしよう。

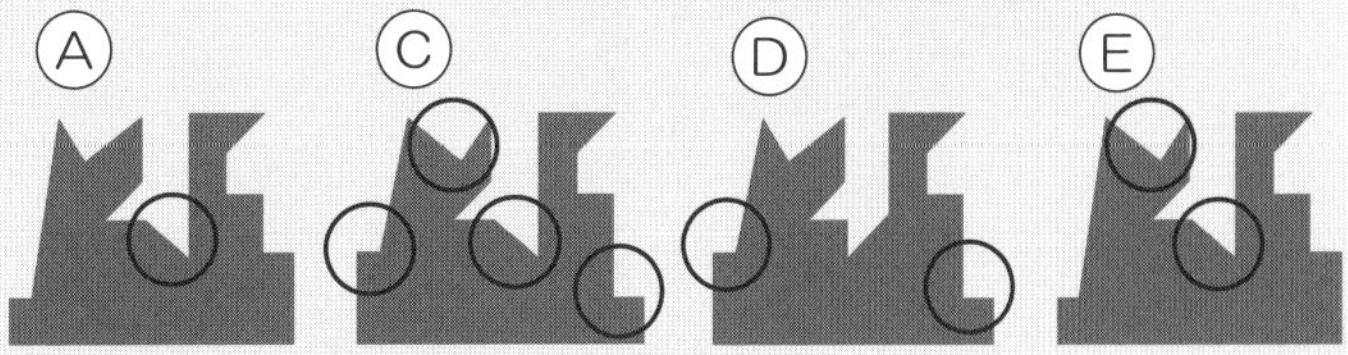

論理②の答え

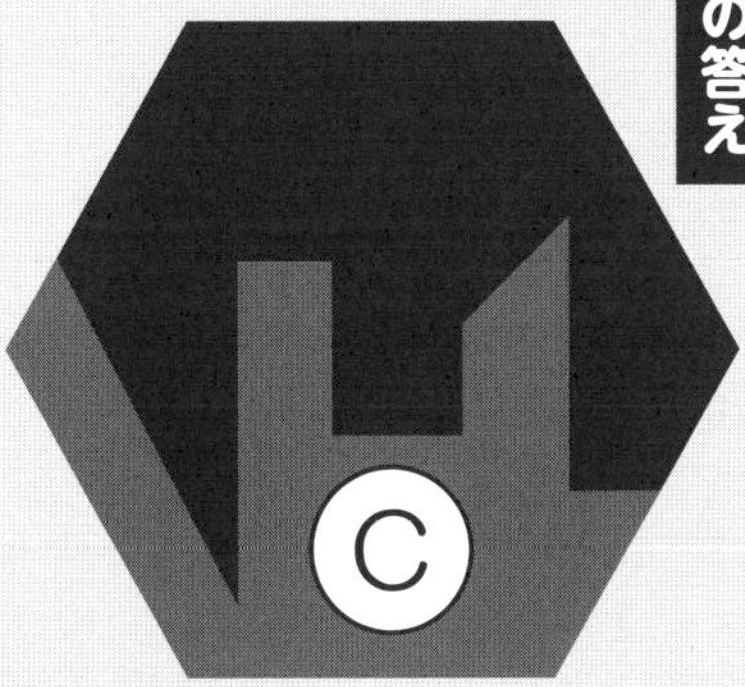

7

26〜27ページの復習

※答えは19ページ

学習日 ／

論理①

ウソツキはだれ？①

左の4人の中に、お店から商品をぬすんだ犯人が一人いる。
犯人一人だけがウソをついていて、
あとの3人は本当のことを言っている。
犯人はだれ？

ゴトウ「タナカは犯人ではないぞ」
ムラキ「私はなにもぬすんでいません」
タナカ「オカダが犯人だ！」
オカダ「ムラキが犯人ですね」

論理②

ウソツキはだれ？②

左の4人の中で、
一人だけがウソをついていて、
あとの3人は本当のことを言っている。
ウソをついているのはだれ？

はる「ぼくは1番じゃなかった」
まお「りくが1番だったね」
ゆま「まおは1番じゃなかったよ」
りく「はるが1番だったよ」

おまけ 国語パズル

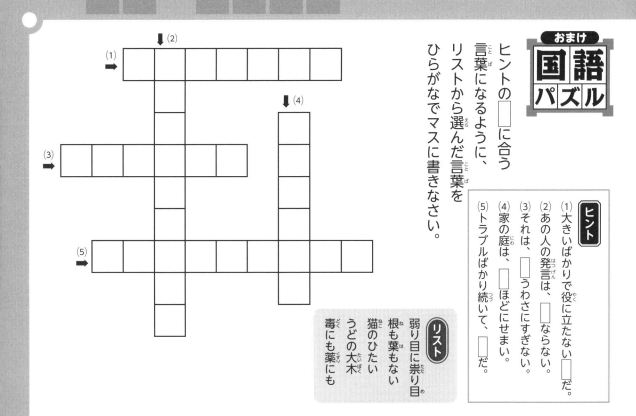

ヒントの□に合う言葉になるように、リストから選んだ言葉をひらがなでマスに書きなさい。

(1)
(2)
(3)
(4)
(5)

ヒント

(1) 大きいばかりで役に立たない□だ。
(2) あの人の発言は、□ならない。
(3) それは、□うわさにすぎない。
(4) 家の庭は、□ほどにせまい。
(5) トラブルばかり続いて、□だ。

リスト

弱り目に祟り目
根も葉もない
猫のひたい
うどの大木
毒にも薬にも

国語パズルの答え

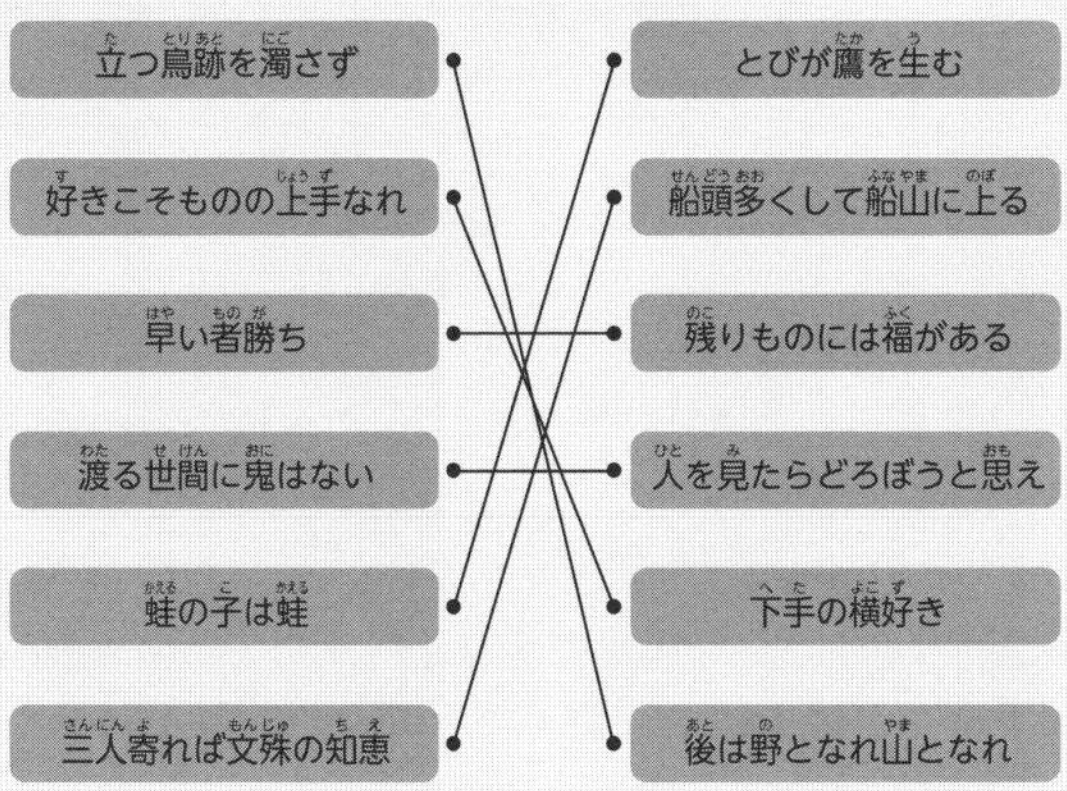

立つ鳥跡を濁さず
好きこそものの上手なれ
早い者勝ち
渡る世間に鬼はない
蛙の子は蛙
三人寄れば文殊の知恵
とびが鷹を生む
船頭多くして船山に上る
残りものには福がある
人を見たら泥ぼうと思え
下手の横好き
後は野となれ山となれ

論理②の答え

6 別冊ドリル 14〜15ページの答え

論理①の答え

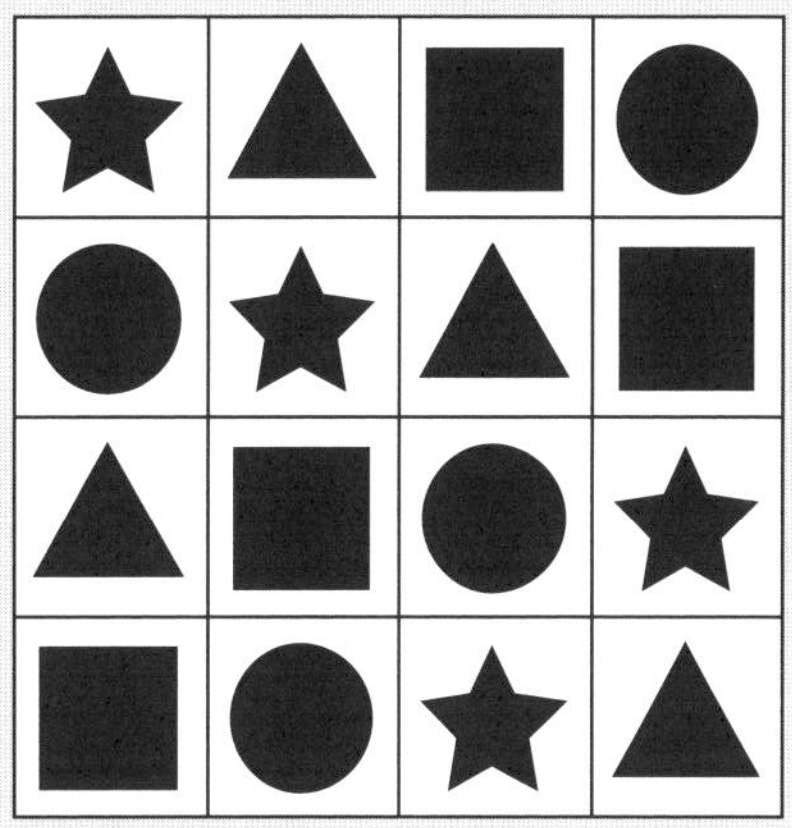

解説

左から２番目のタテの列は、すでに２マスが埋まっているので、空いているマスには▲か★が入る。横の列と照らし合わせると、１番上の段に▲、上から２番目の段に★が入ることがわかる。

そうすると、１番上の段で空いているマスは１つになるので、ここに■が入るとわかる。同じように、残りも１つずつ埋めていこう。

学習日 ／

論理1 三角数字パズル①

左の○には、1〜15の数が1つずつ入る。空いている○に数を入れなさい。

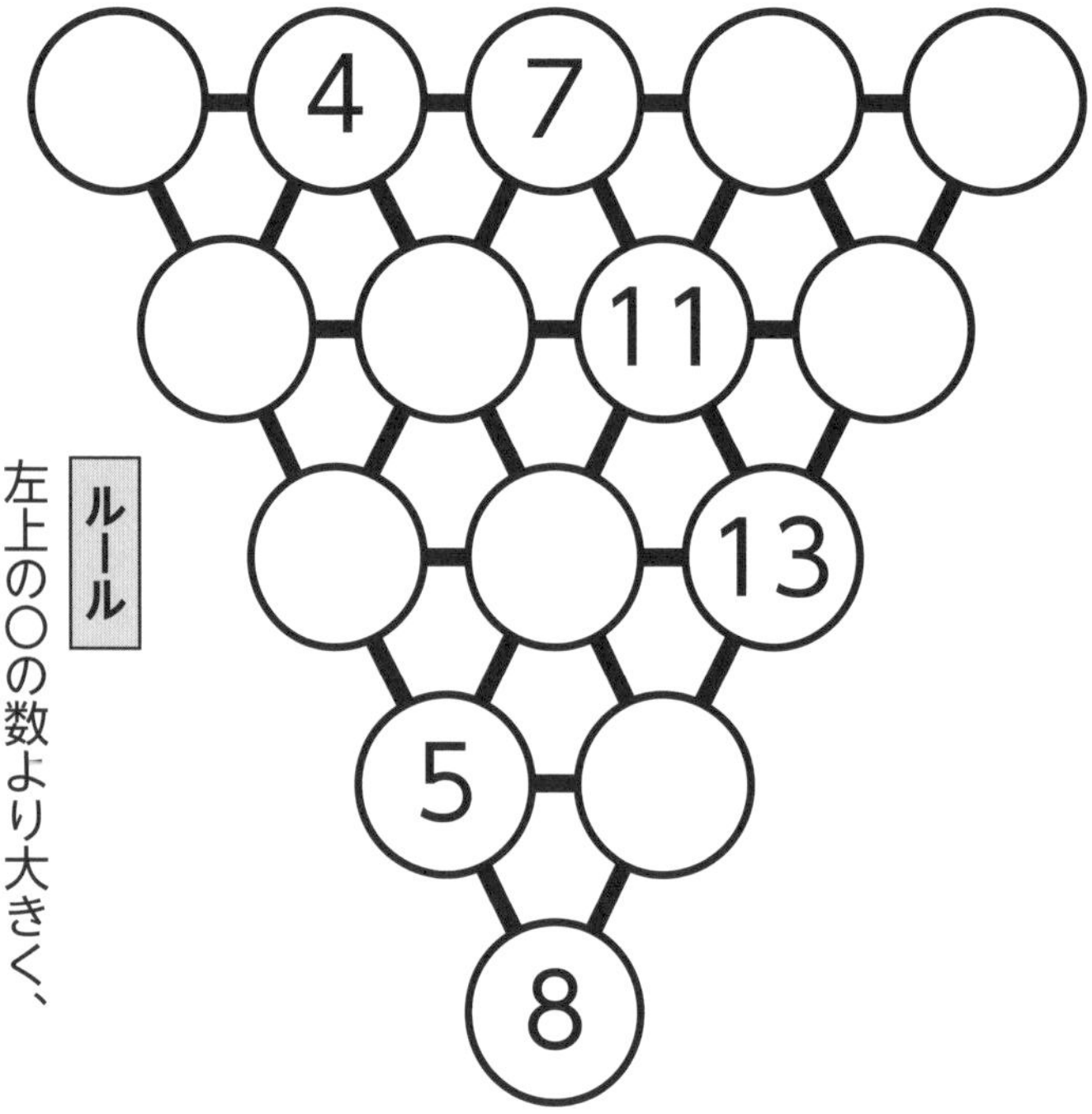

ルール
左上の○の数より大きく、右上の○の数より小さな数が、すぐ下の○に入る。

論理2 三角数字パズル②

左の○には、1〜15の数が1つずつ入る。空いている○に数を入れなさい。

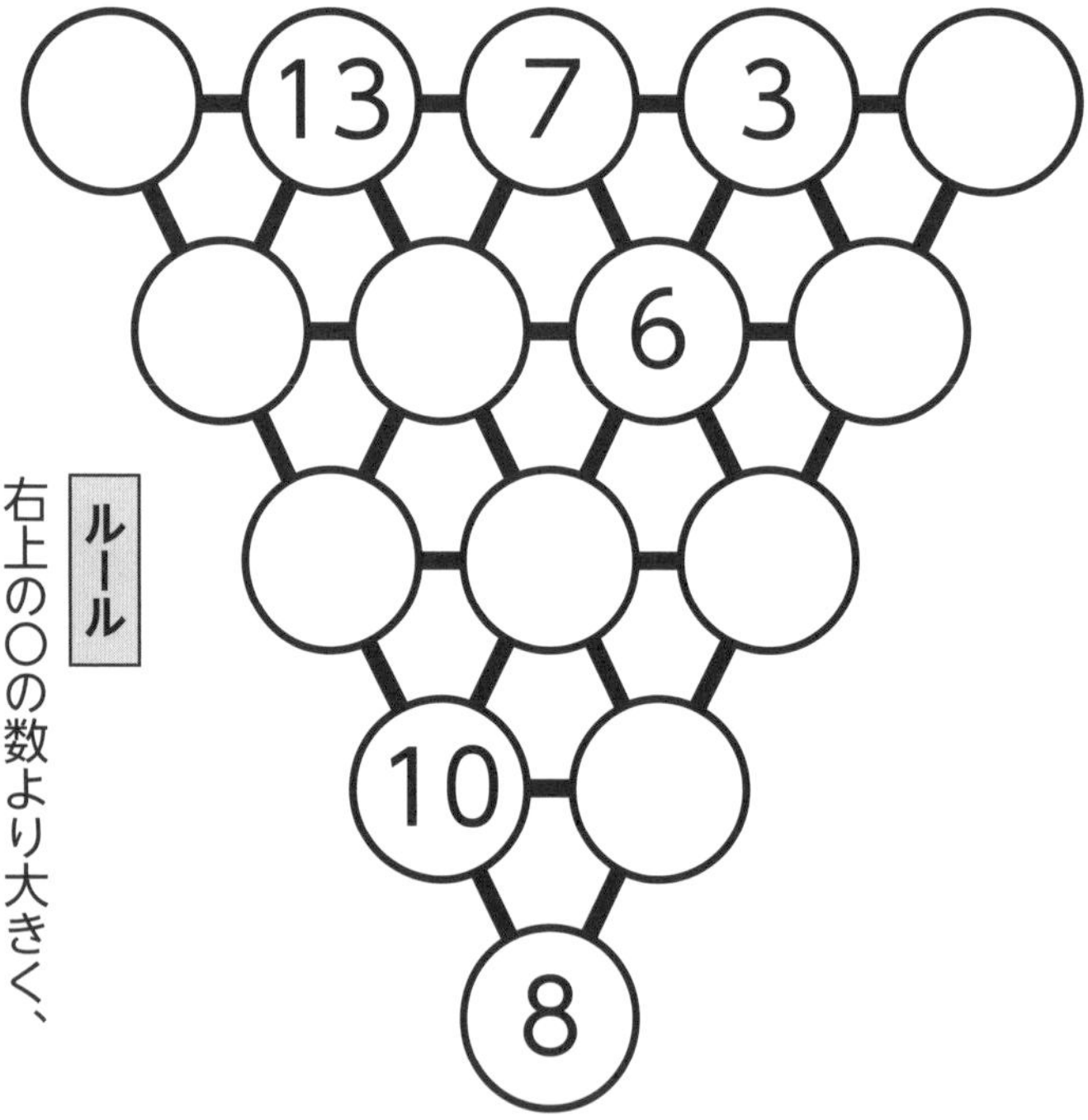

ルール
右上の○の数より大きく、左上の○の数より小さな数が、すぐ下の○に入る。

おまけ

国語パズル

しりとりの言葉がバラバラになっている。3文字の言葉をひとつ加えて、全部の言葉がつながるように並べかえなさい。ただし、加える言葉はくだものの名前でなければならない。

いちご

○○○

ごぼう

ごま

うり

まつたけ

はくさい

7 別冊ドリル 16〜17ページの答え

国語パズルの答え

(1) うどのたいぼく

(2) どくにもくすりにも

(3) ねもはもない

(4) ねこのひたい

(5) よわりめにたたりめ

論理①の答え オカダ

解説

仮に、ゴトウの発言がウソだとすると、タナカが犯人になる。すると、オカダはウソをついていることになり、犯人のみがウソをついているという条件に合わなくなる。同じように、ムラキが犯人の場合、タナカがウソをついていることになるので、条件に合わなくなる。

また、タナカが犯人の場合は、ゴトウもオカダもウソをついていることになる。

オカダが犯人だとすると、ゴトウも、ムラキも、タナカもウソをついていないことになるので、犯人であるオカダのみがウソをついていることになり、問題文に合う。

論理②の答え りく

解説

仮に、ゆまの発言がウソだとすると、まおが1番になる。すると、りくはウソをついていることになり、一人だけがウソをついているという条件に合わなくなる。

同じように、はるが1番の場合、まおがウソをついていることになるので、条件に合わなくなる。

また、まおが1番の場合は、ゆまもりくもウソをついていることになる。

りくが1番だとすると、ゆまも、はるも、まおもウソをついていないことになるので、1番であるりくのみがウソをついていることになり、問題文に合う。

※答えは23ページ

学習日 ／

論理① 一筆書き①

一筆書きで左の絵を書きなさい。一筆書きとはすべての線を一度だけ通って、書ききること。線が交わったり、接したりしてもかまわない。

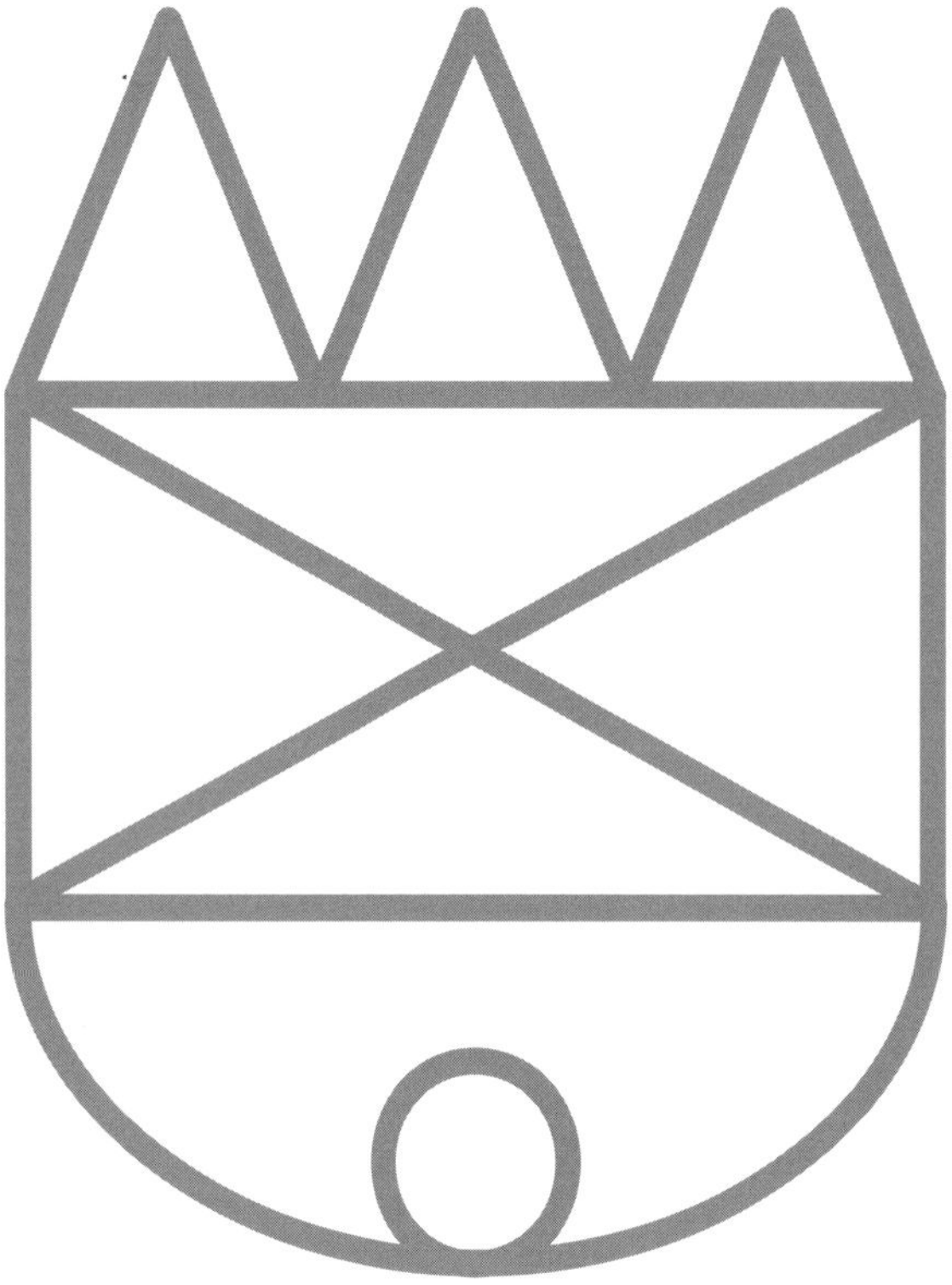

論理② 一筆書き②

一筆書きで左の絵を書きなさい。一筆書きとはすべての線を一度だけ通って、書ききること。線が交わったり、接したりしてもかまわない。

おまけ

国語パズル

3文字の物の名前が書かれている。□のまん中にひらがなを一文字入れて、タテからもヨコからも読めるようにしなさい。

	で	
き	□	こ
	わ	

	ま	
や	□	り
	く	

	ぱ	
み	□	ぎ
	る	

	ほ	
ぼ	□	し
	き	

	か	
つ	□	め
	ん	

	ぱ	
と	□	ぼ
	つ	

	つ	
ま	□	ら
	え	

	ど	
て	□	び
	す	

	ゆ	
と	□	ら
	わ	

8 別冊ドリル 18〜19ページの答え

国語パズルの答えの例

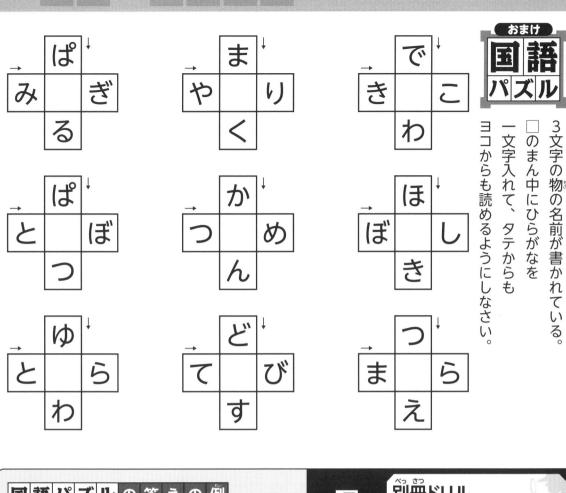

はくさい ← いちご ← ごぼう ← うり ← りんご ← ごま ← まつたけ

論理①の答え

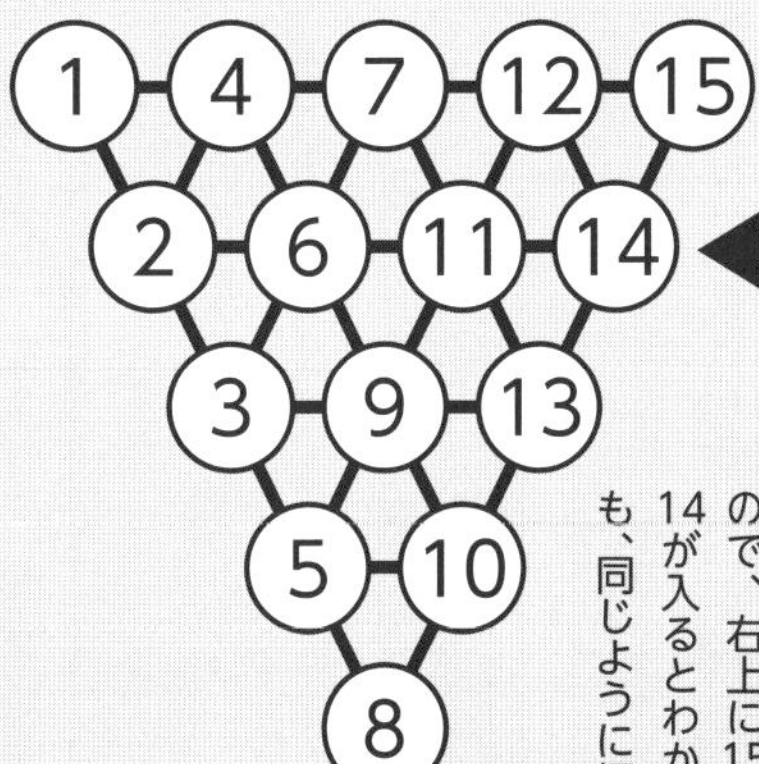

解説 まずは、この○から考えよう。左下に13が入っているので、ここに入れることができるのは14か15だけだとわかる。右上には、ここより大きな数を入れなければならないので、右上に15、この○には14が入るとわかる。ほかの○も、同じように埋めていこう。

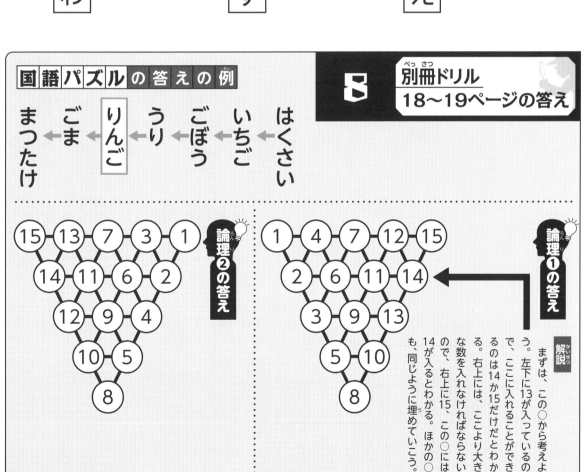

論理②の答え

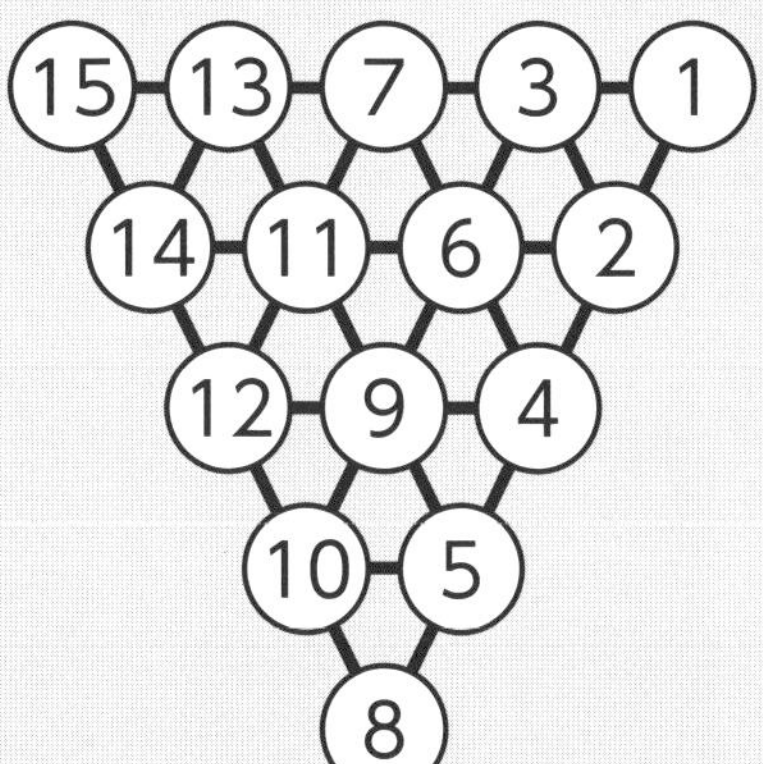

10

36～37ページの復習

※答えは25ページ

学習日 ／

論理 1

カードをめくって確かめよ！

カードはすべて、表にマークが、裏に数字がかかれている。

カードにはルールがあり、今、『「9」の表はかならず「★」である』ことを確かめたいとする。

下の4枚のカードのうち、2枚のカードだけをめくってこのルールを確かめるとすると、どのカードをめくって確かめる？

ルール

「9」の表はかならず「★」である。

おまけ 国語パズル

似た意味の四字熟語がつながるように左と右の点を、線で結びなさい。

悠々自適 ●	● 百戦錬磨
門外不出 ●	● 純真無垢
一心不乱 ●	● 手前味噌
海千山千 ●	● 無我夢中
天真爛漫 ●	● 前代未聞
自画自賛 ●	● 晴耕雨読
空前絶後 ●	● 一子相伝

9 別冊ドリル 20〜21ページの答え

国語パズルの答えの例

ぱ み ず ぎ る	ま や す り く	で き ん こ わ
ぱ と ん ぼ つ	か つ ば め ん	ほ ぼ う し き
ゆ と び ら わ	ど て れ び す	つ ま く ら え

論理①の答えの例

解説 始点と終点は、それぞれ●のどちらかにする必要がある。とちゅうのルートはいろいろな書き方があるが、どのような書き方でも、始点から終点まで、1本の線で書ききることができればよい。

論理②の答えの例

論理1 暗号パズル①

A～Hにはそれぞれことなる文字が入る。できあがることわざはなにか答えよ。

ヒント 同じアルファベットには同じ文字が入る。

ことわざ
DBHAFGC

DEFル　建設物

AマBC　生きもの

GノHG　植物

DGAイ　生きもの

HEH゛ーA゛ー　食べもの

FECE　植物にある

論理2 暗号パズル②

A～Hにはそれぞれことなる文字が入る。できあがることわざはなにか答えよ。

ヒント 同じアルファベットには同じ文字が入る。

ことわざ
HCFBA゛EG゛

F－F－　おもちゃ

BEG゛　くだもの

シDウD　動物

CDG　海の生きもの

A゛EG゛ムシ　生きもの

HCビ　夏のイベント

おまけ 国語パズル

ヒントの□に合う言葉になるように、A～Hにひらがなを書きなさい。

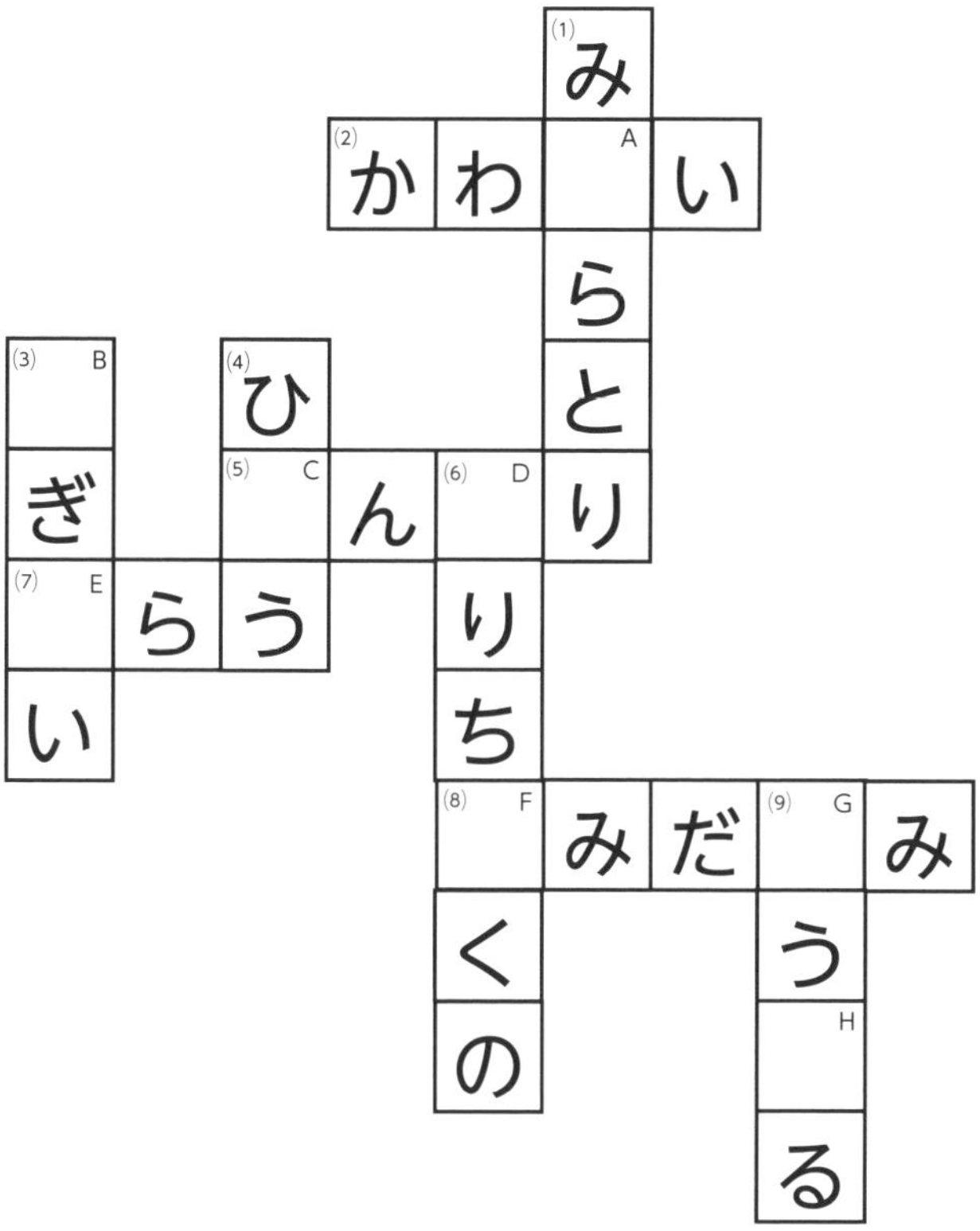

タテのヒント

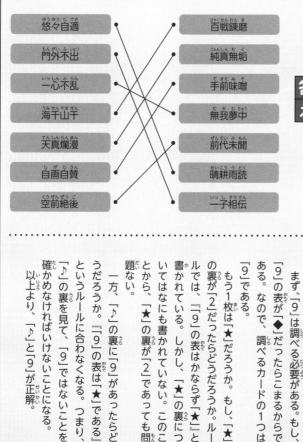

(1) □がミイラになる。
(3) 枯れ木も山の□。
(4) 捨てる神あれば□。
(6) 遠くの親類□他人。
(9) □鷹は爪をかくす。

ヨコのヒント

(2) □子には旅をさせよ。
(5) □証拠。
(7) □門には福来たる。
(8) 苦しいときの□。

10 別冊ドリル 22～23ページの答え

国語パズルの答え

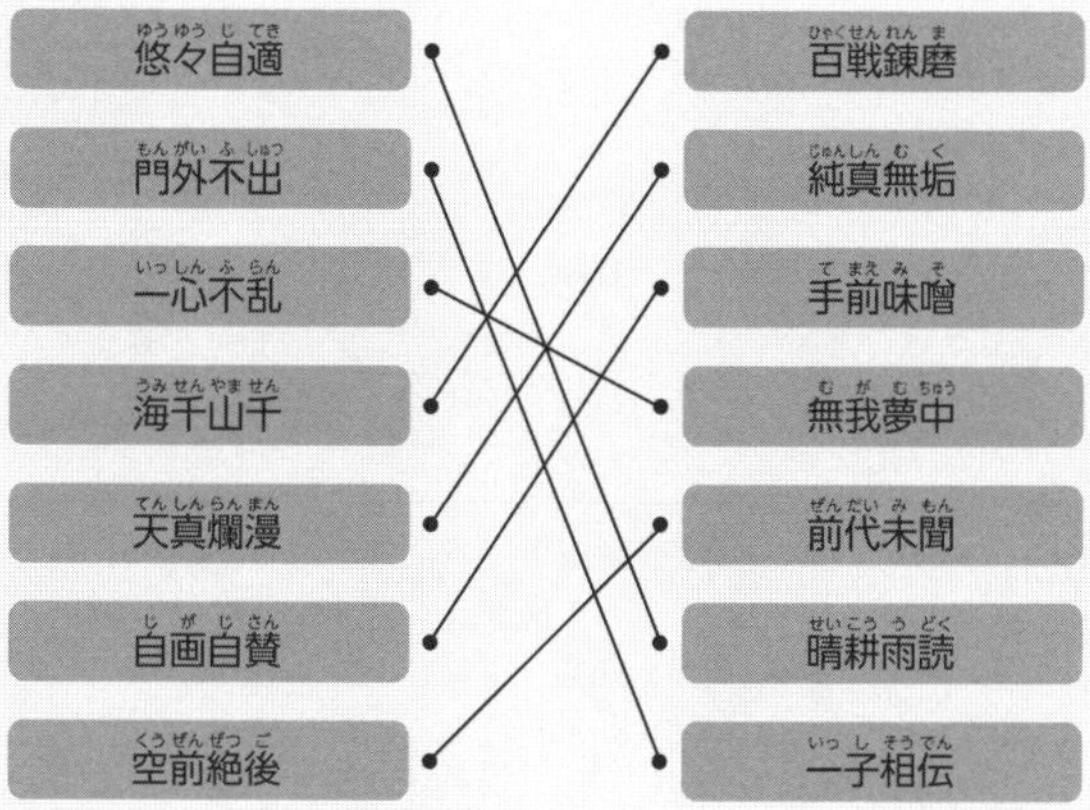

論理①の答え

「9」と「♪」をめくって確かめる。

解説

「★」と「9」を確かめればいいように思える問題だが、実際はちがう。

まず、「9」は調べる必要がある。もし、「9」の表が「◆」だったらこまるからである。なので、調べるカードの1つは「9」である。

もう1枚は「★」だろうか。もし、「★」の裏が「2」だったらどうだろうか。ルールでは、『「9」の表はかならず「★」』と書かれている。しかし、「★」の裏についてはなにも書かれていない。このことから、「★」の裏が「2」であっても問題ない。

一方、「♪」の裏に「9」があったらどうだろうか。『「9」の表は「★」である』というルールに合わなくなる。つまり、「♪」の裏を見て、「9」ではないことを確かめなければいけないことになる。

以上より、「♪」と「9」が正解。

12 44～45ページの復習

※答えは29ページ

学習日 ／

論理1 ケースのダイヤル①

ケースにつけられた南京錠。
すべてのダイヤルには
0～9の数字が刻まれている。
4つのダイヤルの番号を、正しく
合わせれば開けることができる。
左のヒントを見て
ダイヤルの数字を答えなさい。

ヒント

①4つの数を合計すると19になる。
②1番左の数は、左から3番目より大きく、4番目の数より小さい。
③右から1番目と2番目の数をたすと、左から2番目の数になる。
④左から2つ目の数と、3つ目の数をたすと10になる。

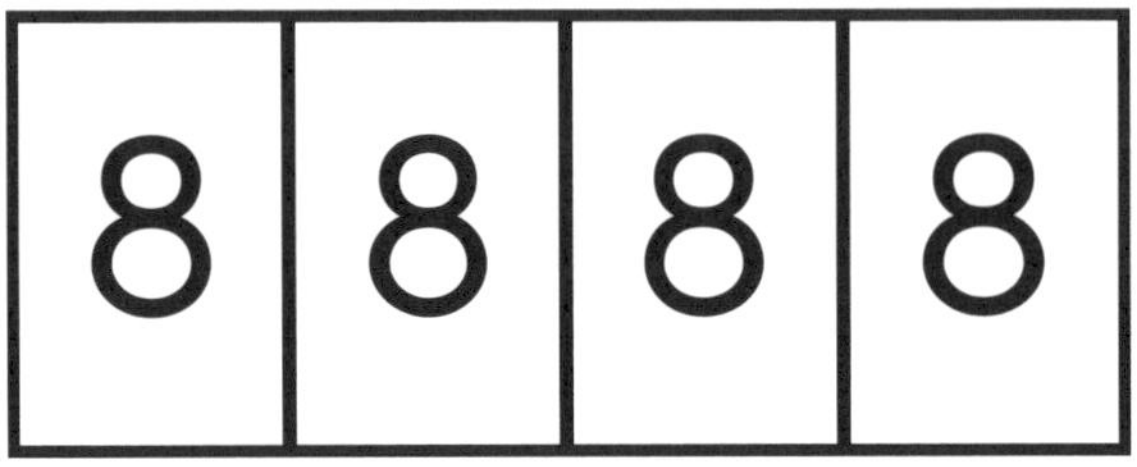

論理2 ケースのダイヤル②

ケースにつけられた南京錠。
すべてのダイヤルには
0～9の数字が刻まれている。
4つのダイヤルの番号を、正しく
合わせれば開けることができる。
左のヒントを見て
ダイヤルの数字を答えなさい。

ヒント

①4つの数を合計すると17になる。
②右から1番目の数と2番目の数をたすと、1番左の数になる。
③右の2つの数を入れ替えると、4けたの数は9小さくなる。
④右から2番目の数は3で割り切れる。

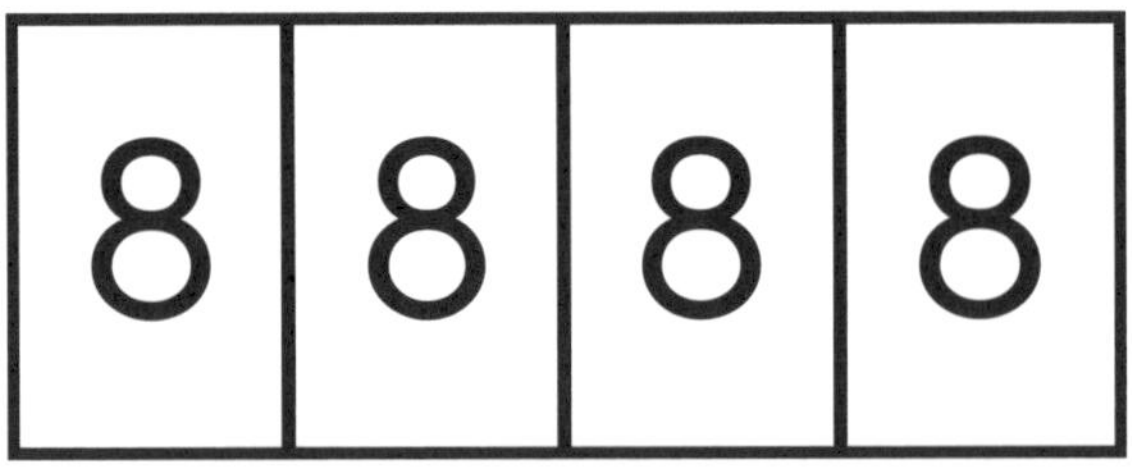

おまけ

国語パズル

(1)〜(4)の文に合うように言葉を作りながら、表の中をスタートからゴールまで、タテかヨコに進みなさい。ななめには進めない。できた言葉を□にひらがなで書きなさい。

← ゴール　　　　← スタート

ん	ぽ	ふ	ゆ	わ	い	い	わ	う	そ(例)
し	じ(4)	ご	も	け	く	た(1)	り	く	っ
あ	る	く	こ(3)	も	さ(2)	か	れ	よ	そ
う	か	ざ	ら	が	な	や	の	み	え

例 私とふたごの妹は、顔が そっくり だ。

(1) 妹のとくいな科目は □□□□ だ。

(2) 妹がダンスをするすがたは □□□□ 蝶のようだ。

(3) 私のとくいな科目は □□□ だ。

(4) 漢字のテストはだれにも負けない □□□ がある。

11 別冊ドリル 24〜25ページの答え

国語パズルの答え

論理①の答え

時は金なり

H	G	F	E	D	C	B	A
ハ	ナ	ネ	ン	ト	リ	キ	カ

ことわざ：トキハカネナリ

- カマキリ（生きもの）
- トンネル（建設物）
- トナカイ（生きもの）
- ナノハナ（植物）
- ネンリン（植物にある）
- ハンバーガー（食べ物）

論理②の答え

花よりだんご

H	G	F	E	D	C	B	A
ハ	コ	ヨ	ン	マ	ナ	リ	タ

ことわざ：ハナヨリダンゴ

- リンゴ（くだもの）
- ヨーヨー（おもちゃ）
- ナマコ（海の生きもの）
- シマウマ（動物）
- ハナビ（夏のイベント）
- ダンゴムシ（生きもの）

※答えは31ページ

学習日 ／

論理1 犯人を見つけろ!

社長室から金の置物がぬすまれた。容疑者の4人は、全員がウソと本当のことを1つずつ言っている。左の言葉を読んで、犯人はだれか当てよ。

サトウ
- カシマが犯人だ!
- ミウラは犯人ではない

ミウラ
- コダカは犯人ではない
- カシマは犯人ではない

カシマ
- コダカが犯人だ!
- サトウが犯人だ!

コダカ
- サトウは犯人ではない
- ミウラが犯人だ

論理2 本物はどれ?

4つの絵画のうち、ひとつは本物であとはレプリカである。持ち主だと言う4人は、全員がウソと本当のことを1つずつ言っている。左の言葉を読んで、本物はどれか当てよ。

マイケル
- Aは本物ではないよ
- ジョンとボクは兄弟なんだ

ジョン
- Cが本物だね!
- Cは本物ではないね!

ポール
- Dは本物ではない!
- Bは本物だ!

サム
- D以外はレプリカだよ
- Cが本物だね!

おまけ

国語パズル

左のリストの中から漢数字を選んで□に入れ、ことわざを完成させなさい。（あまる文字もある。）

(1) 石の上にも□年

(2) □寸先は闇

(3) 桃栗三年柿□年

(4) □度あることは三度ある

(5) かわいさあまって憎さ□倍

(6) 一寸の虫にも□分の魂

リスト

一 二 三 四 五 六 七 八 九 十 百 千

12 別冊ドリル 26～27ページの答え

国語パズルの答え

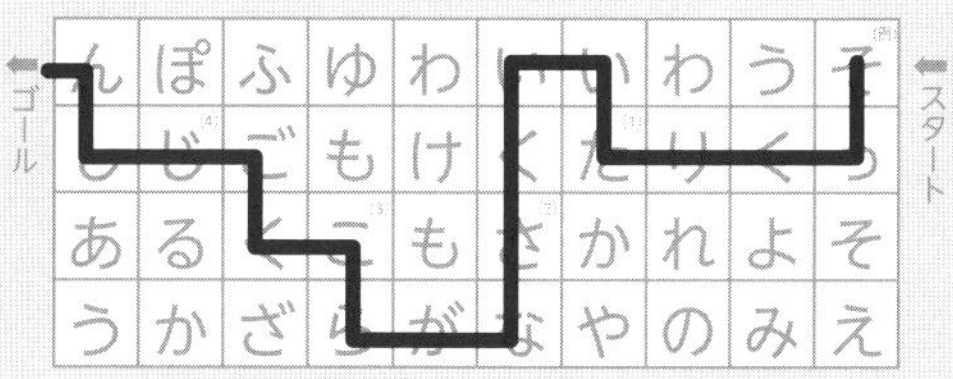

(1) たいいく

(2) さながら

(3) こくご

(4) じしん

論理①の答え

3	8	2	6

解説

ヒント③とヒント④より、3つの数は左のいずれかであると考えられる。

?918
?826
?734
?642
?550

これに、ヒント①を加えると左のようになる。

1918
3826
5734
7642
9550

この中から、ヒント②に当てはまるものを選ぶと、1つしかないことがわかる。

論理②の答え

5	7	3	2

解説

ヒント④の条件に合う数は左のようになる。

??3?
??6?
??9?

これに、ヒント③を加えると左のようになるが、さらにヒント②を加えると、下の2つは1番左の数が2けたになってしまうので当てはまらない。

??32
??65
??98

ヒント①の数になるように合計すると、答えがわかる。

5?32

14

48〜49ページの復習

※答えは33ページ

学習日 ／

論理 1

部屋の住民

下のアパートには、1部屋に一人ずつが住んでいる。住民はヤマダ、サトウ、イシダ、コウダ、トウノ、アオキ、アライ、ハネダ、フルタ、ホッタの10人である。ヒントを読んで、どの部屋にだれが住んでいるか答えよ。

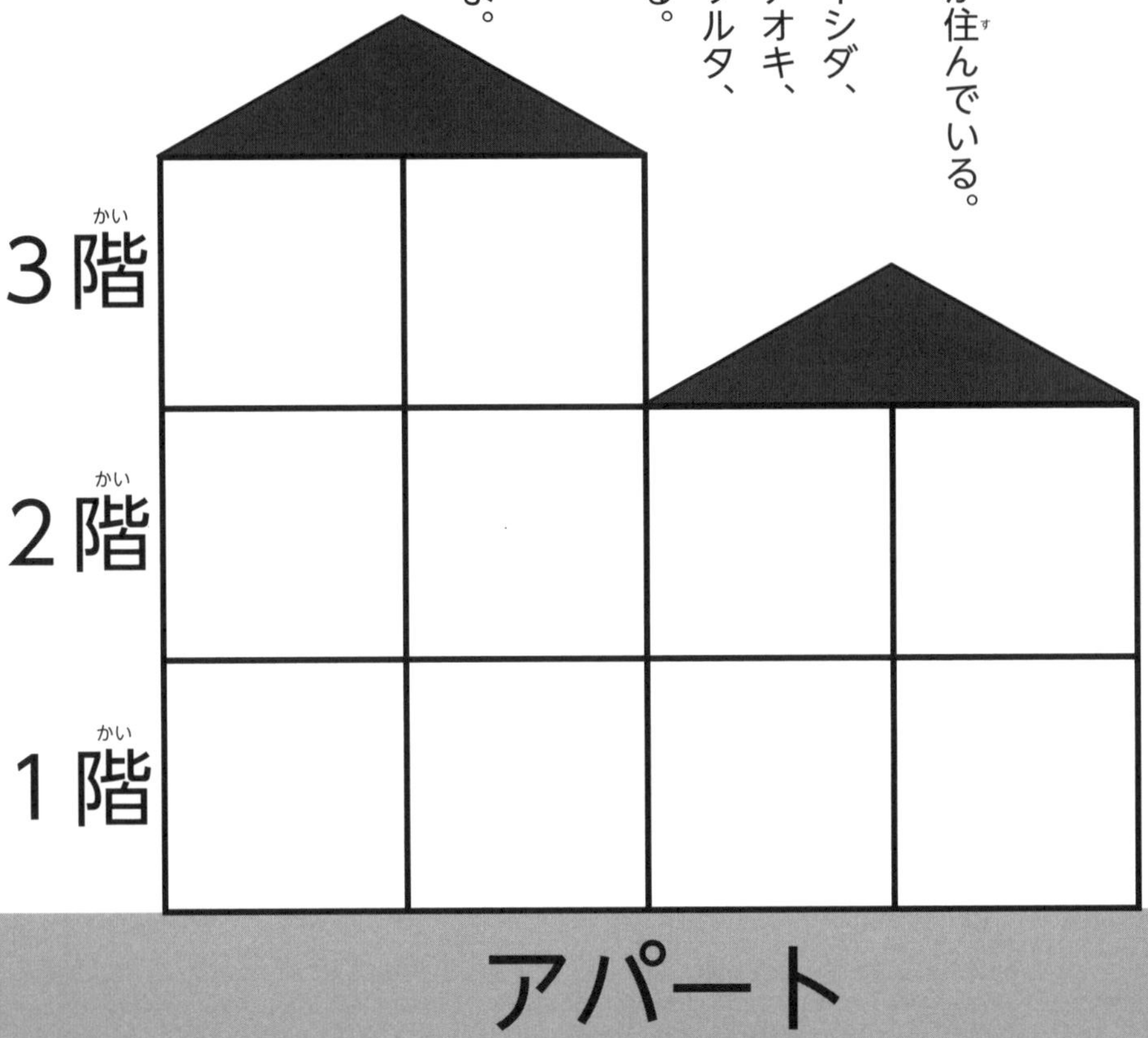

ヒント

①ハネダの部屋は、サトウ、フルタ、イシダの３人と隣接している。

②イシダの部屋は、ヤマダ、アライ、アオキ、ハネダの４人と隣接している。

③フルタは、トウノとアライと同じ階に住んでいる。

④コウダの部屋の真上にアオキ、その真上にホッタが住んでいる。

※隣接とは、上下左右にとなり合っていることを指す。ななめは含まない。

おまけ

国語パズル

ヒントに合う言葉をひらがなで書いて、すべてのマスを埋め、クロスワードを完成させなさい。

(1)	(2)	(3)	■	(4)	(5)
(6)				■	
	■		■	(7)	
(8)	(9)	■	(10)		
■	(11)	(12)		■	
(13)					

ヨコのヒント

(1)絵を描いたり工作をしたりする科目。
(4)夜になると、空でかがやくもの。
(6)角度をはかるときに使うもの。
(7)茨城県の県庁所在地。
(8)レジが混んでいるときは、これに並ぼう。
(10)買いものしたときは、忘れないようにもらおう。
(11)家族や親せきなどのこと。
(13)めんをはさんだ、ボリュームのあるパン。

タテのヒント

(1)長時間雨にぬれたら、こうなる。
(2)学校の制服に多い色。
(3)白くて細長くて、おいしいもの。
(5)この線にそって、切ろう。
(7)ミツバチは、これを集めているよ。
(9)丸、三角、四角。積んで遊ぶもの。
(10)秋になると、たくさん落ちて来るもの。
(12)これをついては、いけません。

13 別冊ドリル 28〜29ページの答え

国語パズルの答え

(1) 三
(2) 一
(3) 八
(4) 二
(5) 百
(6) 五

論理①の答え コダカ

解説

まず、カシマの発言を考えよう。「コダカが犯人だ!」「サトウが犯人だ!」のどちらかが本当なのであるから、犯人はコダカかサトウである。

もし、サトウが犯人だとすると、コダカの発言は2つともウソになってしまい矛盾する。また、ミウラの発言のどちらかはウソなのであるから、コダカかカシマが犯人である。

これらを考えると、犯人はコダカにしぼられる。

論理②の答え C

解説

まず、マイケルとジョンの発言は考える必要がない。

ジョンとマイケルが兄弟かどうかはどうやってもわからない情報であるし、「ウソと本当のことを1つずつ言っている」のだからジョンはあたりまえのことしか言っていない。

つまり、ポールとサムの発言だけを考えればよい。サムの発言の、「D以外はレプリカだよ」は、「Dが本物だ」と同じこと。つまり、DかCが本物である。

もし、Dが本物だとしたら、ポールの発言は2つともウソになってしまう。以上より、本物はCである。

15

50～51ページの復習

※答えは35ページ

学習日 ／

論理1

すべての宝を探し出せ！

数字は、そのマスの上下左右と
ななめに接するマスのうち、
何マスに宝があるかを表している。
数字のマスには宝はない。
すべての宝のマスを探し当てて、
宝が全部で何個あるか答えよ！

1		4		■	■	■	■	■
				2		■	■	■
	2	■	■			1		■
2		■	■	■	■			2
	2	■	■	■	■			
■				■	■		3	
■	■		4		0			2
			4	■	■			
	1				■	■	3	

おまけ 国語パズル

リストの中から生きものを表す漢字を選んで□に入れ、四字熟語を完成させなさい。（あまる文字もある。）

(1) □視眈眈
(2) □頭蛇尾
(3) □突猛進
(4) □耳東風
(5) 一石二□
(6) □飲馬食
(7) □頭狗肉

リスト 虫 竜 鶏 鳥 羊 牛 馬 豚 猪 狼 虎 猫 犬

14 別冊ドリル 30〜31ページの答え

論理①の答え

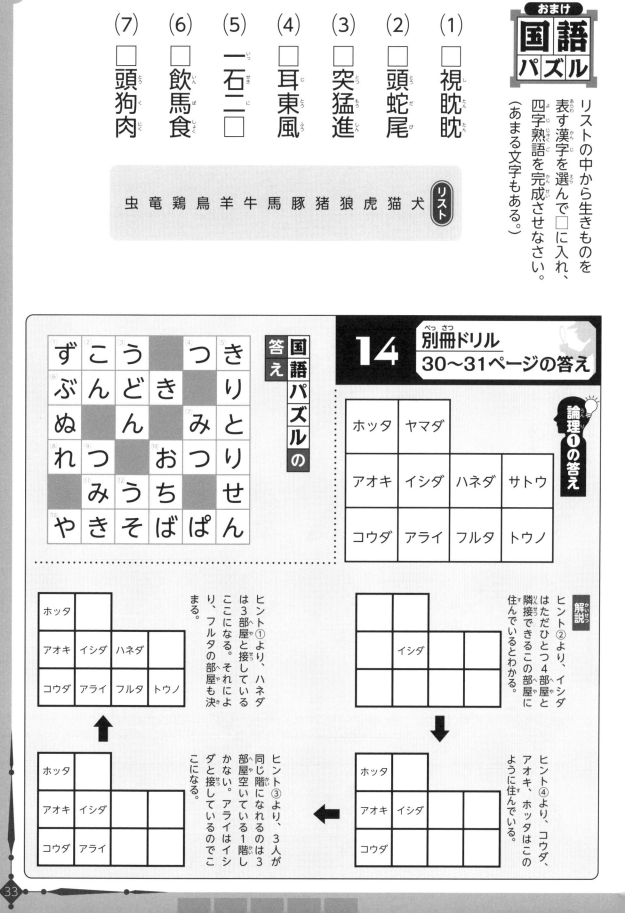

ホッタ	ヤマダ		
アオキ	イシダ	ハネダ	サトウ
コウダ	アライ	フルタ	トウノ

解説

ヒント②より、イシダはただひとつ4部屋と隣接できるこの部屋に住んでいるとわかる。

	イシダ		

↓

ヒント④より、コウダ、アオキ、ホッタはこのように住んでいる。

ホッタ			
アオキ	イシダ		
コウダ			

←

ヒント③より、3人が同じ階になれるのは3部屋空いている1階しかない。アライはイシダと接しているのでここになる。

ホッタ			
アオキ	イシダ		
コウダ	アライ		

↑

ヒント①より、ハネダは3部屋と接しているここになる。それにより、フルタの部屋も決まる。

ホッタ			
アオキ	イシダ	ハネダ	
コウダ	アライ	フルタ	トウノ

国語パズルの答え

(1)ず	(2)こ	(3)う	■	(4)つ	(5)き
(6)ぶ	ん	ど	き	■	り
ぬ	■	ん	■	(7)み	と
(8)れ	(9)つ	■	(10)お	つ	り
■	(11)み	(12)う	ち	■	せ
(13)や	き	そ	ば	ぱ	ん

16

56～57ページの復習(ふくしゅう)

※答えは37ページ

学習日 ／

論理(ろんり) 1

グループパズル

下の図で、ことなる5つのマークを1グループとし、全部(ぜんぶ)で5つのグループを作りなさい。

ただし、グループはすべてマスがつながっていなければならない。

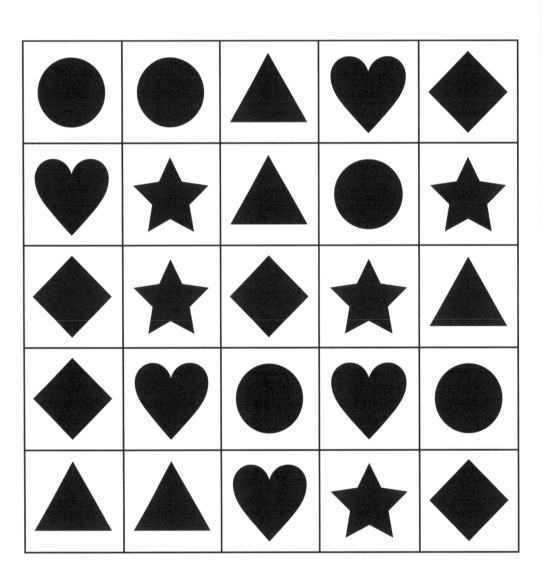

●	●	▲	♥	◆
♥	★	▲	●	★
◆	★	◆	★	▲
◆	♥	●	♥	●
▲	▲	♥	★	◆

おまけ 国語パズル

(1)～(4)の文に合うように言葉を作りながら、表の中をスタートからゴールまで、タテかヨコに進みなさい。ななめには進めない。できた言葉を□にひらがなで書きなさい。

← スタート

ぞ	ぽ	ふ	(3)か	ょ	い	い	わ	う	(例)す
し	じ	わ	い	し	く	た	ん	み	い
あ	り	(4)ど	ぺ	く	や	か	(1)し	よ	せ
く	ょ	ざ	ら	(2)ど	じ	く	ょ	も	え

← ゴール

例 眠ることを［す い み ん］という。

(1) 食べることを□□□□という。

(2) 本を読むことを□□□□という。

(3) だれかと話をすることを□□□という。

(4) がんばることを□□□□という。

15 別冊ドリル 32～33ページの答え

国語パズルの答え

(1) 虎 (2) 竜 (3) 猪 (4) 馬 (5) 鳥 (6) 牛 (7) 羊

論理①の答え 19個

解説

0のまわりに×を書き入れる。すると、すぐ左の4つの宝の位置が決まる。さらに左下の1のまわりにある宝の位置がわかったので、残りにすべて×を書いておく。

右下のエリアも、下から考えていくと、順調に宝と×を埋めていくことができる。つぎに左上を考えよう。1の2つ右に4とある。この4のまわりには5マスあるので、1マス以外宝マスである。一方で、1のまわりには宝は1つしかないので、下図のように埋めることができる。これで、少し右にある2のまわりにある宝は2つとも場所がわかった。

1番左にある2のまわりには3マスある。ということは、1マス以外宝マスである。その右下にある2を見ると、すでに1つの宝マスの場所はわかっているので、残る1つは左図にあるどちらかである。つまり、一番左の2の真上は宝マスである。これで、灰色になっている2のマスのまわりにある宝の位置がすべてわかった。

残りのマスも埋めていくと、すべての宝の位置がわかる。

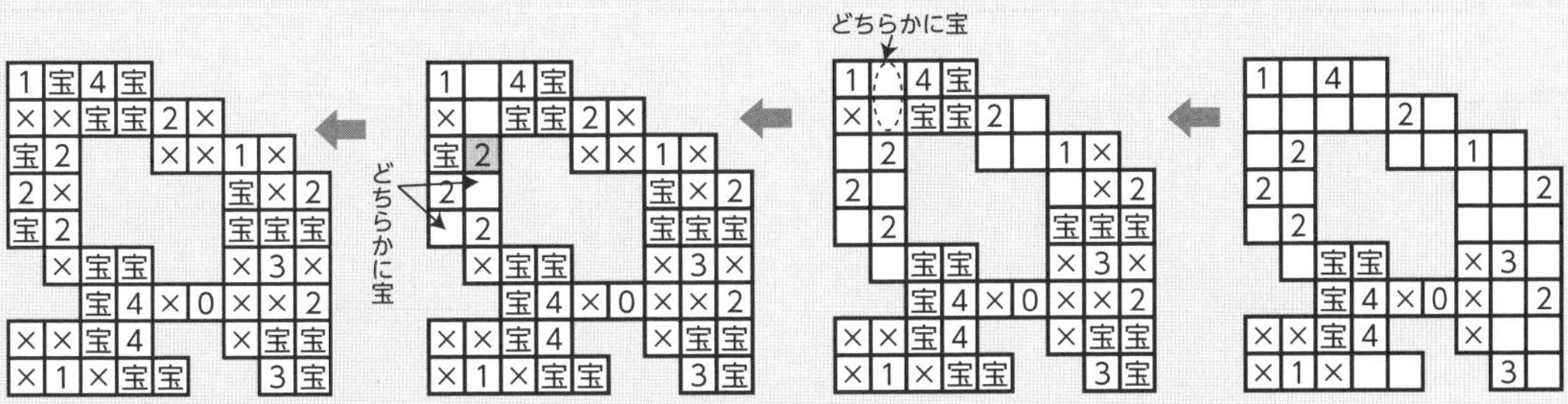

17

58～59ページの復習

論理1

マスつなぎパズル

下の図の数字は、そのマスから何本の線が出ているかを表している。いくつかの点線の上に線を引いて、0以外の数字全体をひとつながりにしなさい。

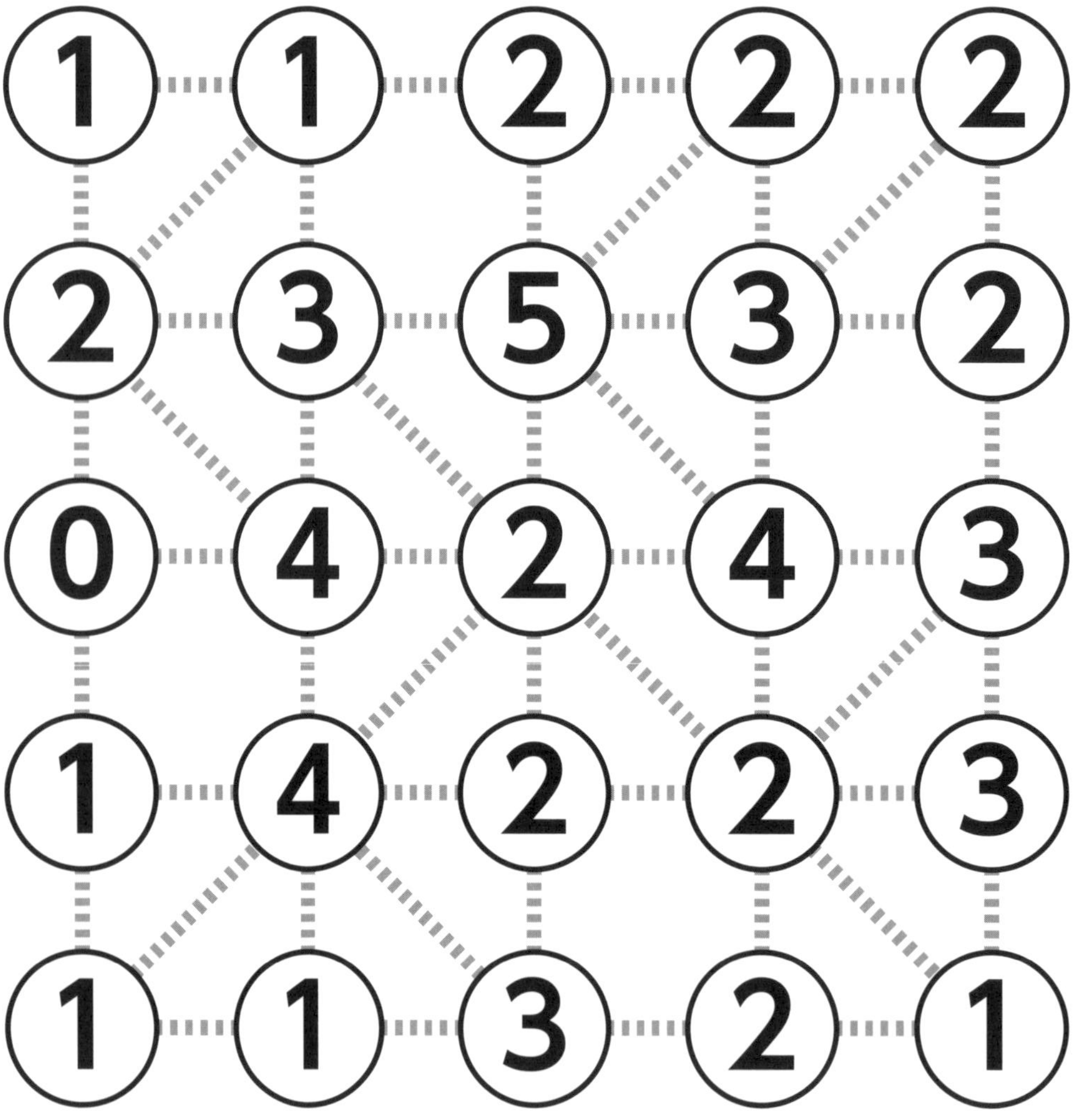

※答えは39ページ

学習日 ／

おまけ

国語パズル

しりとりの言葉がバラバラになっている。5文字の言葉をひとつ加えて、全部の言葉がつながるように並べかえなさい。ただし、加える言葉は料理の名前でなければならない。

しゃぶしゃぶ

きなこもち

いなりずし

○○○○○

ちゃわんむし

えびふらい

いかやき

国語パズルの答え

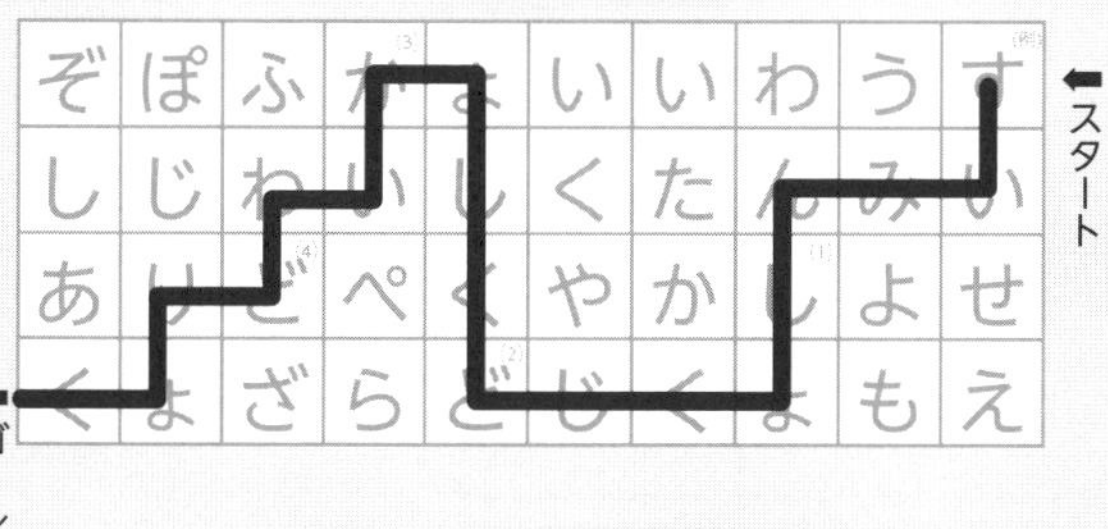

16 別冊ドリル 34～35ページの答え

(1) しょくじ

(2) どくしょ

(3) かいわ

(4) どりょく

論理①の答え

解説 同じマークがとなりに並んでいるところはかならずグループの境界線になる。そこから区切っていこう。

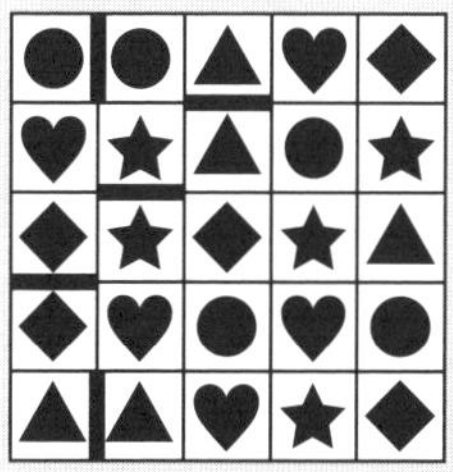

同じグループになるマークをつなげていく。すると左上の●は灰色マスの▲と同じグループだとわかる。

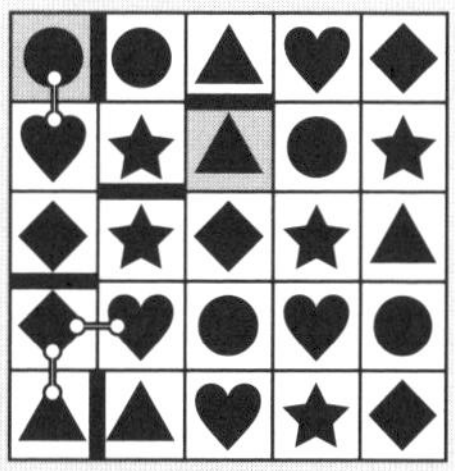

わかるところから、どんどんグループを作って、まわりをかこんでいこう。

18

60～61ページの復習

※答えは41ページ

学習日 ／

論理 1

13枚のカード

1～13まで1枚ずつ、
13枚のカードがあり、
4人が3枚ずつカードをとった。
それぞれの言葉をヒントに、
だれがどのカードを
持っているのか推理し、
残っている1枚のカードが
なにかを答えなさい。

1 2 3 4 5 6 7

8 9 10 11 12 13

タケル ? ? ?
「連続した3つの数だ。3枚の合計はユウマより5多いな。」

サラ ? ? ?
「3つの数をたすと、カスミの1番大きな数と同じ数になるよ。」

カスミ ? ? ?
「2つの数をかけるともう1つの数になるね。」

ユウマ ? ? ?
「1番小さい数と大きい数の差が11になった。」

おまけ 国語パズル

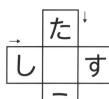

3文字の食べものの名前が書かれている。□のまん中にひらがなを一文字入れて、タテからもヨコからも読めるようにしなさい。

	ぷ	
ど	□	あ
	ん	

	だ	
あ	□	こ
	ご	

	た	
し	□	す
	こ	

	ぞ	
と	□	ふ
	に	

	ぶ	
う	□	ん
	う	

	と	
た	□	ご
	と	

	に	
ご	□	う
	し	

	わ	
み	□	ん
	め	

	い	
お	□	ら
	ら	

国語パズルの答えの例

えびふらい ← いかやき ← きなこもち ← ちゃわんむし ← しゅうまい ← いなりずし ← しゃぶしゃぶ

17 別冊ドリル 36～37ページの答え

論理①の答え

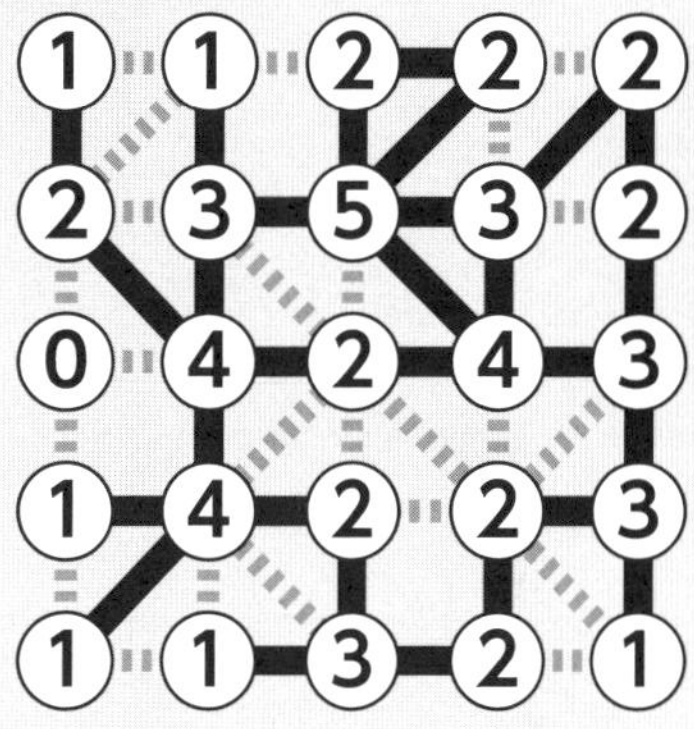

解説

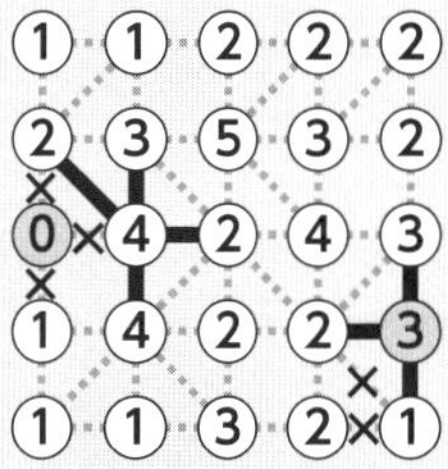

まず、わかるところから考えていこう。灰色のマスが最初にわかるマスである。

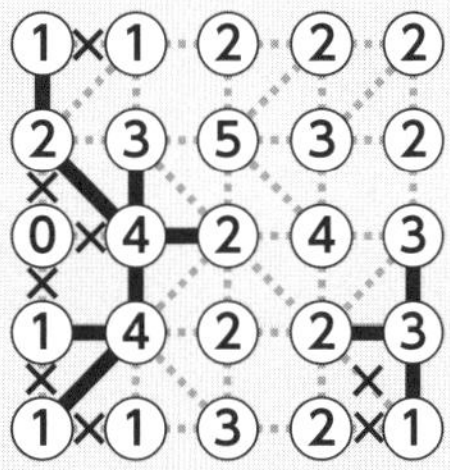

①がとなり合っている部分は、①同士を線でつなぐと全体がひとつながりにならないので、×を書こう。

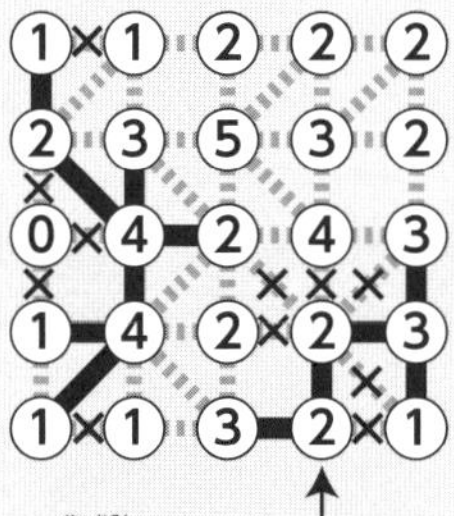

矢印の②のマスの2つの線がわかると、その上の②の線が決まり、そこから上の方向にどんどん決まっていく。

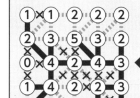

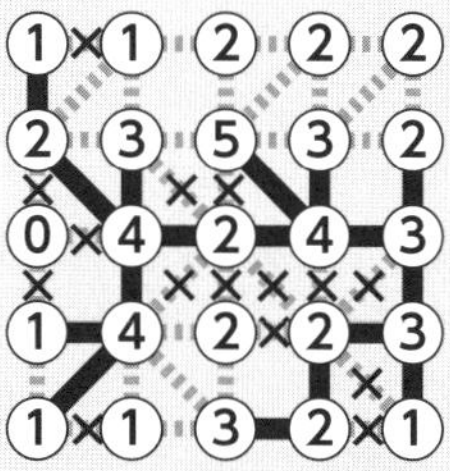

中央の②から出る線が決まると、そこから全体の線がわかっていく。

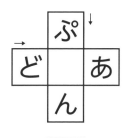

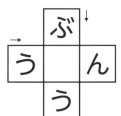

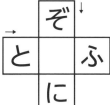

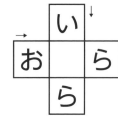

論理1 てんびんパズル

下のヒントを見て、4つのおもりを、重い順に並べなさい。

※答えは43ページ

学習日 ／

4つのおもり

ヒント

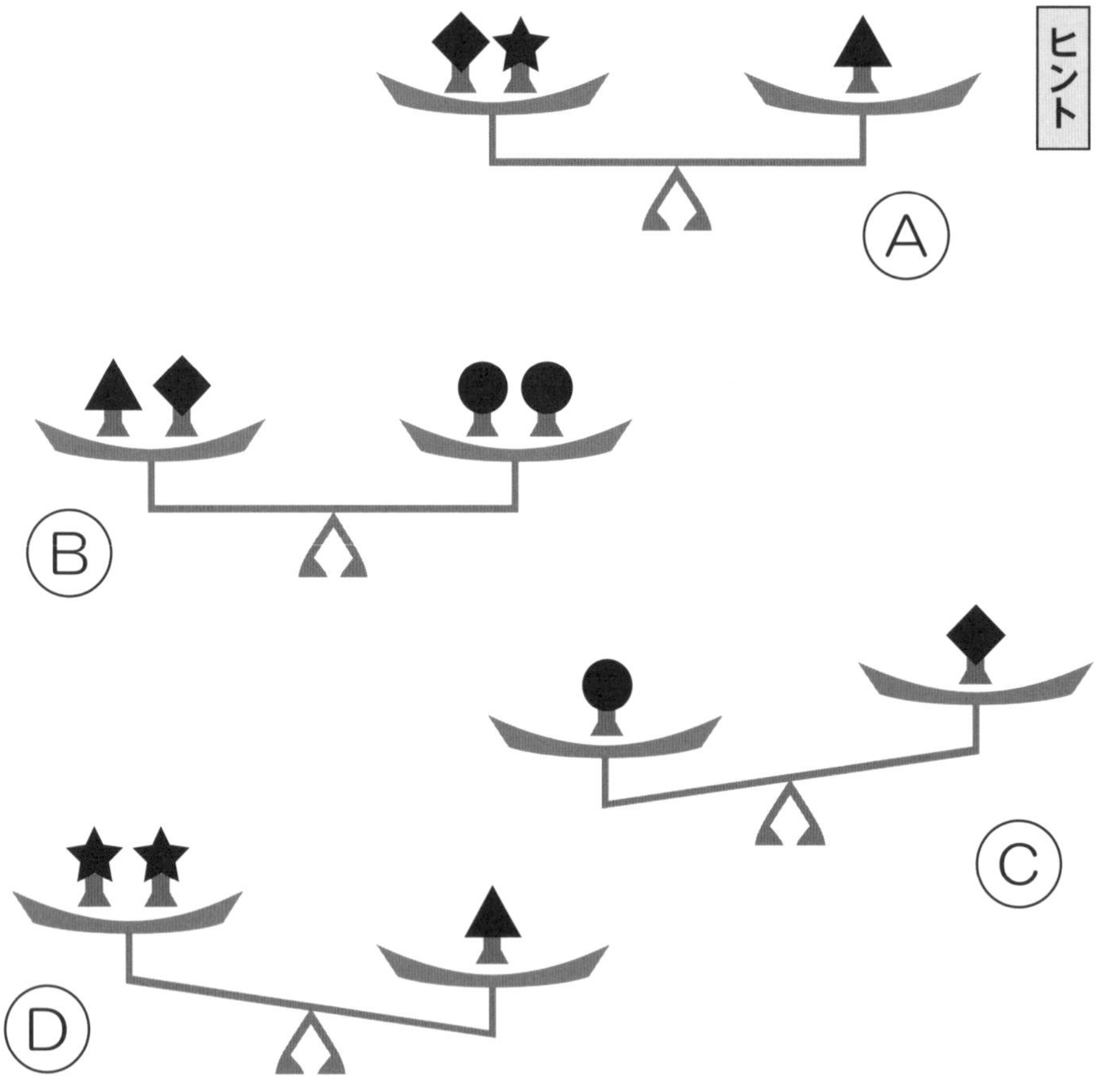

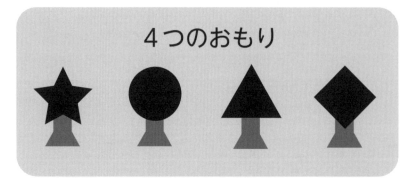

おまけ

国語パズル

ヒントの□に合う言葉になるように、A～Hにひらがなを書きなさい。

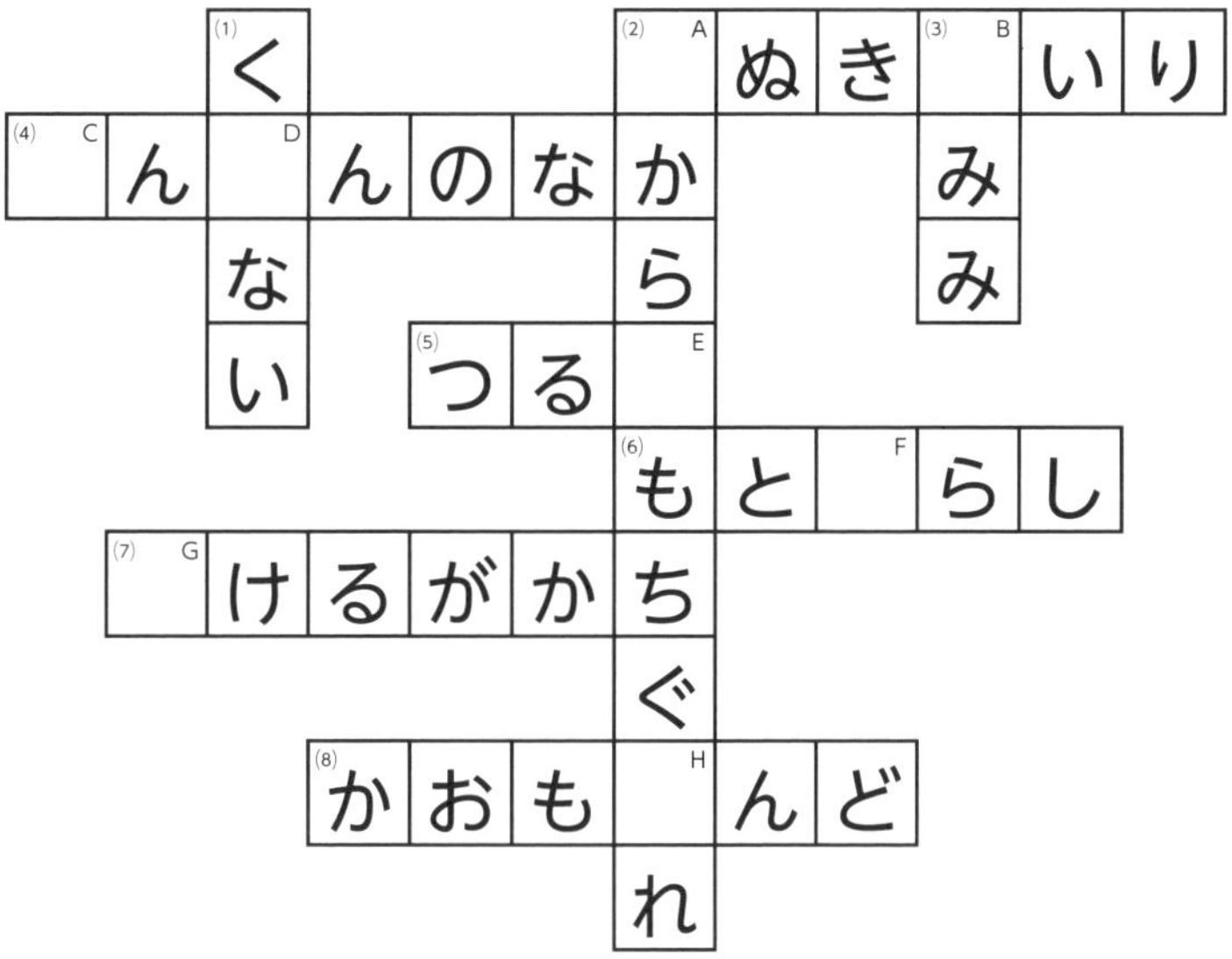

タテのヒント

(1) まったくあの人は煮(に)ても焼(や)いても□人だ。

(2) せっかく持(も)っているのに使(つか)わないのは□だ。

(3) その話は□に水だ。

ヨコのヒント

(2) 父は□をしている。

(4) あの二人はむかしから□だ。

(5) 祖父(そふ)の□ひと声で部屋(へや)は静(しず)まり返(かえ)った。

(6) こんなところにあったなんて、灯台(とうだい)□だ。

(7) 今回は□としたほうが、かしこい選択(せんたく)だろう。

(8) いくらやさしい人でも、仏(ほとけ)の□までだ。

18 別冊(べっさつ)ドリル 38～39ページの答え

論理(ろんり)①の答え

11のカード

解説(かいせつ)

ユウマの2枚(まい)のカードは「1・12」か「2・13」のいずれかで、カスミのカードは「2・3・6」「2・4・8」「2・5・10」「2・6・12」「3・4・12」のいずれかである。

サラの言葉(ことば)を考えよう。3枚(まい)の合計がカスミのもっとも大きな数と同じなので、6か8か10か12になる。合計6の場合「1・2・3」にしぼられるが、この場合カスミのカードは「2・3・6」となり、2と3のカードが2枚(まい)になってしまう。同様(どうよう)に「2・4・8」も不可能(ふかのう)である。サラのカードは「1・3・6」(カスミは「2・5・10」)、「1・3・8」、「1・4・7」「3・4・5」(カスミは「2・6・12」)、「1・2・9」「1・5・6」(カスミは「3・4・12」)のいずれかである。

ここで、ユウマは1か2のカードを持(も)っていることに注目(ちゅうもく)すると、残(のこ)るのは、サラ「3・4・5」／カスミ「2・6・12」か、サラ「1・5・6」／カスミ「3・4・12」にしぼられる。つまり、カスミは12を持(も)っているので、ユウマは「2・13」を持っている。ここから、サラ「1・5・6」／カスミ「3・4・12」／ユウマ「2・13・○」だとわかる。

タケルは「7・8・9」「8・9・10」「9・10・11」のいずれかで、合計すると24か27か30である。ユウマより合計が5多いのだから、ユウマの合計はそれぞれ19か22か25となる。ユウマの2枚(まい)の合計は15だから、それぞれ残(のこ)りの1枚(まい)は4か7か10となり、このうちタケル「8・9・10」、ユウマの残(のこ)りの1枚(まい)が「7」のときのみ条件(じょうけん)に当てはまることがわかる。よって、あまるカードは11である。

ユウマ	カスミ	サラ	タケル	あまり
2 7 13	3 4 12	1 5 6	8 9 10	11

国語パズルの答えの例(れい)

タテ	ヨコ
たらこ	しらす
とまと	たまご
いくら	おくら
だんご	あんこ
ぶどう	うどん
わかめ	みかん
ぷりん	どりあ
ぞうに	とうふ
にぼし	ごぼう

20

68〜69ページの復習

※答えは45ページ

学習日 ／

論理1

5つのボタンの色は？

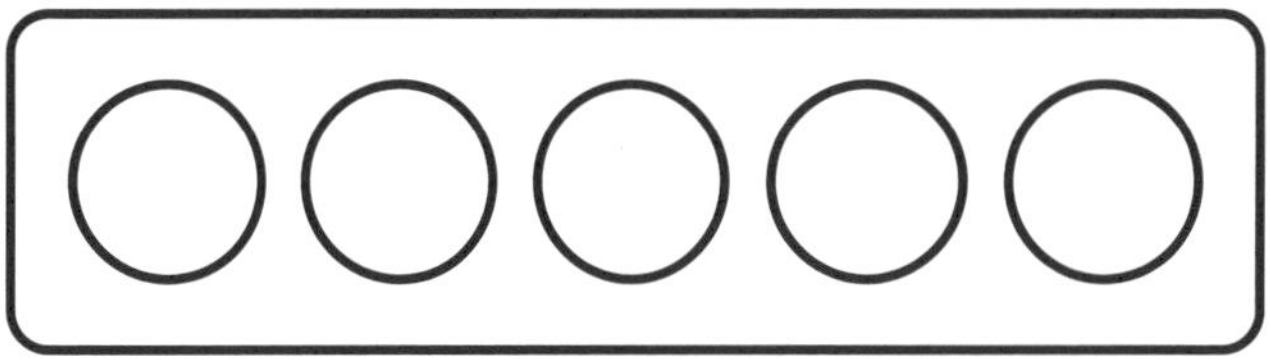

上の図のような5つのボタンがある。
ボタンは押すごとに、
黒→白→黒と切り替わり、
すべて正しい色にして
決定ボタンを押すと扉が開く。
4回試してみた結果は、
下のようになった。
5つのボタンの正しい色を答えよ。

4回試してみた結果

1回目	○○●●●	2か所アタリ
2回目	○●○○●	1か所アタリ
3回目	●○●○○	3か所アタリ
4回目	●○○○●	3か所アタリ

ヒント

1か所がアタリということは、まったく反対の押し方をした場合、
4か所アタリになるということである。

おまけ 国語パズル

同じ読みの漢字が並んでいる。当てはまる漢字を（　）から選んで、□に書きなさい。あまる漢字もある。

・スープが□める
・目が□める
（差・冷・覚）

・ビスケットを□う
・ねこを□う
（買・替・飼）

・足が□い
・時間が□い
（早・速・旬）

・部屋が□い
・みそ汁が□い
（厚・熱・暑）

・先生に□う
・形が□う
（合・会・今）

・入口を□ける
・席が□く
（明・空・開）

・背の高さを□る
・解決を□る
（計・測・図）

・ビルが□つ
・きずなを□つ
（経・断・建）

19 別冊ドリル 40〜41ページの答え

国語パズルの答え

		く				た	ぬ	き	ね	い	り
け	ん	え	ん	の	な	か			み		
		な				ら			み		
		い		つ	る	の					
						も	と	く	ら	し	
	ま	け	る	が	か	ち					
						ぐ					
			か	お	も	さ	ん	ど			
						れ					

論理①の答え

上から重い順に

▲
●
◆
★

解説

ヒントⒷより、◆と▲はどちらかが●より重く、どちらかが●より軽いため釣り合っているとわかる。

ヒントⒸより、●より◆のほうが軽いので、●より▲は重いことになる。この時点で、重いほうから▲＞●＞◆と確定する。

残るのは★だが、ヒントⒹを見ても▲より軽いことしかわからない。ヒントⒶを見ると、◆と★をたしたものが▲と等しいとわかるが、まだ★の重さは確定できない。

そこでヒントⒹのてんびんの▲を、同じ重さの◆＋★に代えてみる。

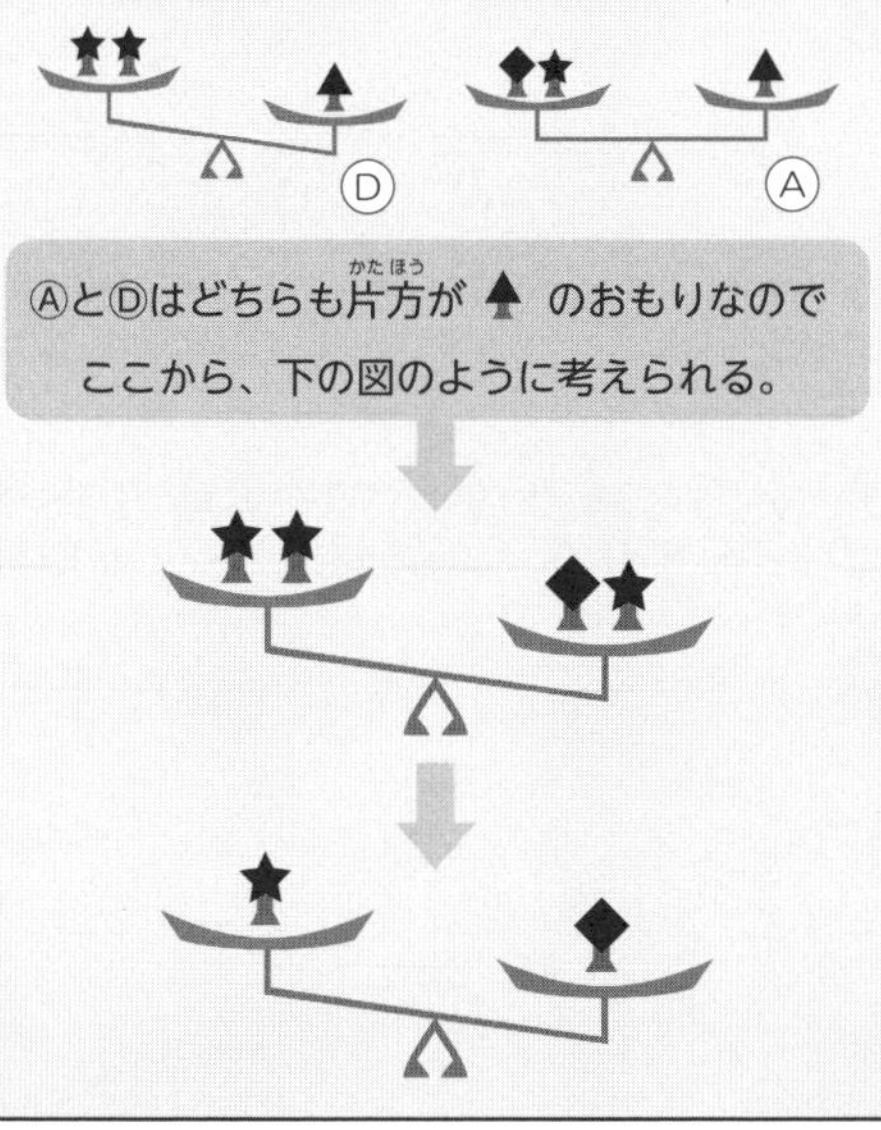

Ⓐ
Ⓓ
ⒶとⒹはどちらも片方が▲のおもりなので
ここから、下の図のように考えられる。

すると、★は◆より軽いことがわかり、すべての重さの順番が決まる。

21

70〜71ページの復習

※答えは47ページ

学習日 ／

論理 1

今日は何曜日？

今日は何曜日かを
6人の人が話しているが、
一人以外はウソをついている。
それぞれの言葉を読んで
今日は何曜日か答えなさい。

Ⓐ「明日は金曜日か月曜日ですよ」

Ⓑ「おとといは火曜日か木曜日か金曜日でしたね」

Ⓒ「昨日は日曜日か月曜日だった」

Ⓓ「あさっては日曜日か月曜日ですわ」

Ⓔ「今日は火曜日か水曜日か木曜日だ！」

Ⓕ「3日前は日曜日か火曜日だったね」

おまけ 国語パズル

同じ読みの漢字が並んでいる。当てはまる漢字を（　）から選んで、□に書きなさい。あまる漢字もある。

- ・木に□（のぼ）る
- ・太陽が□（のぼ）る
- （登・昇・伸）

- ・教科書が□（やぶ）れる
- ・試合に□（やぶ）れる
- （負・敗・破）

- ・薬が□（き）く
- ・説明を□（き）く
- （聞・聴・効）

- ・ねこが□（な）く
- ・赤ちゃんが□（な）く
- （泣・無・鳴）

- ・病気を□（なお）す
- ・テレビを□（なお）す
- （治・直・正）

- ・きのこを□（と）る
- ・魚を□（と）る
- （採・捕・執）

- ・国を□（おさ）める
- ・税金を□（おさ）める
- （収・治・納）

- ・カメラで□（うつ）す
- ・実行に□（うつ）す
- （写・映・移）

20 別冊ドリル 42〜43ページの答え

国語パズルの答え

- ・スープが**冷**める
- ・目が**覚**める
- ・ビスケットを**買**う
- ・ねこを**飼**う
- ・足が**速**い
- ・時間が**早**い
- ・部屋が**暑**い
- ・みそ汁が**熱**い
- ・先生に**会**う
- ・形が**合**う
- ・入り口を**開**ける
- ・席が**空**く
- ・背の高さを**測**る
- ・解決を**図**る
- ・ビルが**建**つ
- ・絆を**断**つ

論理①の答え

●○○●○

2回目 1か所アタリ
○●○○●
↓
2回目反転 4か所アタリ
●○●●○

1回目 2か所アタリ
○○●●●
↓
アタリと決定したボタン
●　　　○

3回目 3か所アタリ
●○●○○
4回目 3か所アタリ
●○○○●
↓
アタリと決定したボタン
●　○　○

2回目反転 4か所アタリ
●○●●○
↓
アタリと決定したボタン
●○○●○

解説

2回目を反転させて（全部の色を逆にして）、「4か所アタリ」にする。

2回目の反転と1回目を比べると、2か所ちがいでアタリの数が2個ちがうので、この2か所は2回目の反転のほうが正解とわかる。

決定しているボタンを元に3回目と4回目を見ると、残りのボタンのうち3回目は1か所、4回目は2か所がアタリである。つまり中央のボタンは白である。

ここで再び2回目の反転を見ると、まちがっている1か所がわかる。ほかはすべて正解なので、残りのボタンの色がわかる。

※答えは49ページ
学習日 ／

論理1 4つのトレー

4つのトレーに、数字とマークのカードを1枚ずつ配置しなければならない。正しく配置したいが現在はバラバラにおかれている。下のヒントを見て、正しい配置に直しなさい。

トレー	数字	マーク
Aのトレー	7	▲
Bのトレー	1	★
Cのトレー	9	●
Dのトレー	4	◆

ヒント

①マークはすべて、まちがっておかれている。
②Aのトレーにあるカードは BとDに配置するカードである。
③BのトレーとDのトレーの数をたすと8になる。
④BのトレーとCのトレーをすべて交換すると、Cのトレーの1枚だけが正しい配置になる。
⑤AのトレーとDのトレーをすべて交換すると、両方のトレーで1枚ずつ正しい配置になる。
⑥CのトレーかDのトレーの数字は正しい。

追加ヒント

③から、BとDに、7か1が入り、AとCに9と4が入ることがわかる。

おまけ
国語パズル

ヒントの□に合う言葉になるように、リストから選んだ言葉をひらがなでマスに書きなさい。

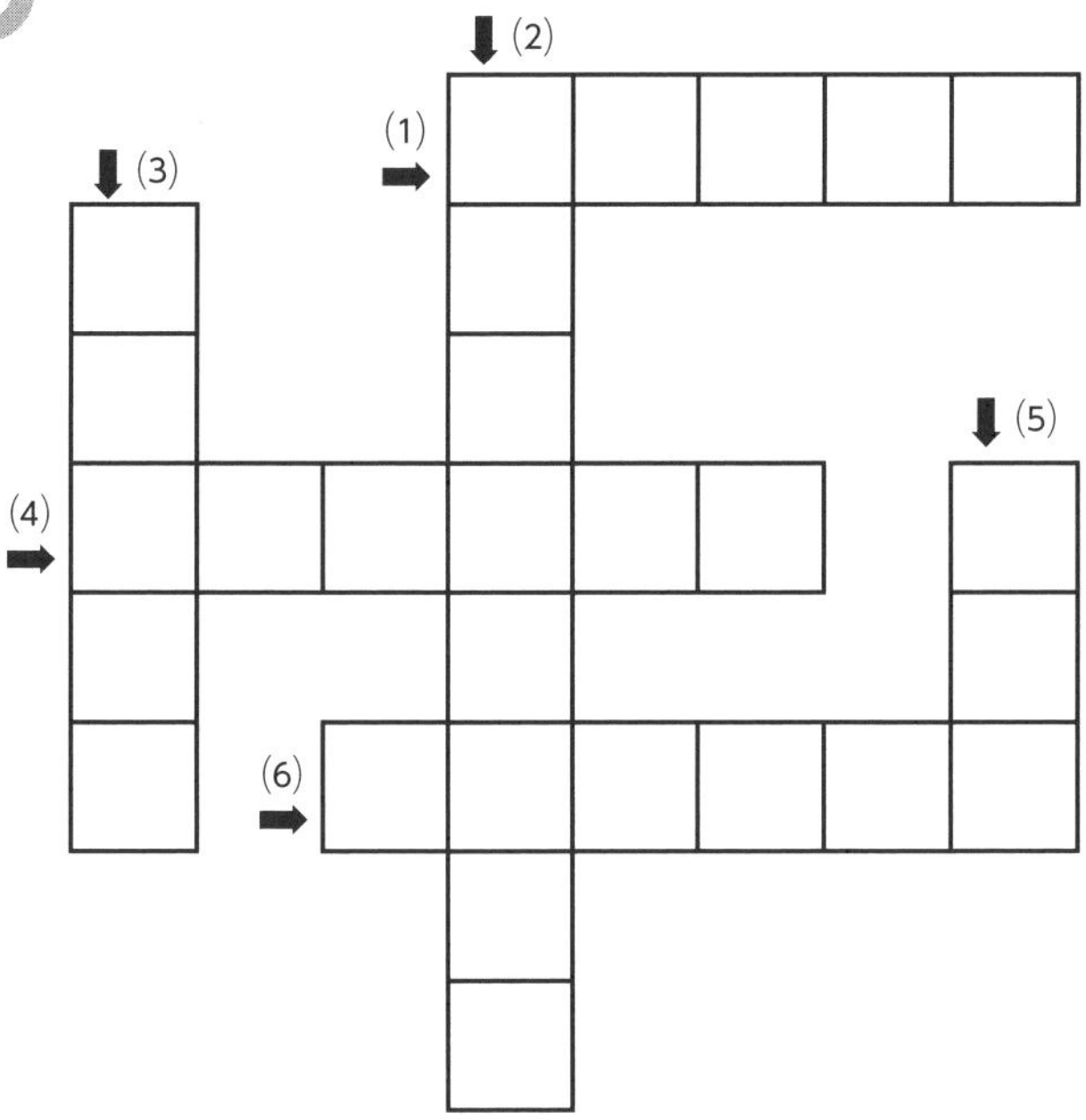

ヒント

(1)かれはとても□な格好をしていた。
(2)弟の話は□で、よくわからなかった。
(3)先生はかばんから□ペンを取り出した。
(4)友だちに□を言われてこまっている。
(5)昨日は雨だった。□一昨日が雨だった。
(6)□遅刻はしないと、心にちかった。

リスト

むりなんだい
こんりんざい
もとい
おもむろに
ちんみょう
ちんぷんかんぷん

21 別冊ドリル 44～45ページの答え

国語パズルの答え

・木に**登**る
・太陽が**昇**る
・教科書が**破**れる
・試合に**敗**れる
・薬が**効**く
・説明を**聞**く
・ねこが**鳴**く
・赤ちゃんが**泣**く
・病気を**治**す
・テレビを**直**す
・きのこを**採**る
・魚を**捕**る
・国を**治**める
・税金を**納**める
・カメラで**写**す
・実行に**移**す

論理①の答え　月曜日

解説 全員のことばを「今日は」にして書き直し、表にしてみよう。するとつぎのようになる。

Ⓐ「今日は木曜日か日曜日」
Ⓑ「今日は木曜日か土曜日か日曜日」
Ⓒ「今日は月曜日か火曜日」
Ⓓ「今日は金曜日か土曜日」
Ⓔ「今日は火曜日か水曜日か木曜日」
Ⓕ「今日は水曜日か金曜日」

	月	火	水	木	金	土	日
A				○			○
B				○		○	○
C	○	○					
D					○	○	
E		○	○	○			
F			○		○		

一人以外ウソをついているのだから、もし二人が日曜日と発言していたとしたら日曜日はウソだとわかる。なぜなら、二人いればどちらかはかならずウソツキだからである。つまり「日曜日」はウソということになる。

すべての曜日を調べると、今日が月曜日と言っているのはⒸの一人だけである。他の曜日は二人以上が今日はその曜日だと話している。このことから本当のことを言っているのはⒸで、今日は月曜日だとわかる。

23

74〜75ページの復習

※答えは51ページ

学習日 ／

論理1

5色のマグカップ

左から順番に、
赤、緑、青、白、紫の
マグカップが並んでいる。
ヒントを見て、
下の表を
すべて埋めなさい。

	赤	緑	青	白	紫
中身					
持ち主					

ヒント

Ⓐマグカップの中身は、それぞれコーヒー、紅茶、ほうじ茶、ジュース、ミルクである。

Ⓑそれぞれのマグカップの持ち主は、サヤカ、ミイナ、ヒナタ、ユウタ、カズマである。

Ⓒミルクの右どなりのマグカップは、ヒナタのマグカップである。

Ⓓカズマのマグカップには、コーヒーが入っている。

Ⓔ紫のマグカップには、ジュースが入っている。

Ⓕミルクが入ったマグカップは、紅茶とほうじ茶の入ったマグカップのあいだにある。

Ⓖサヤカのマグカップの右どなりに、ユウタのマグカップがある。

Ⓗ白いマグカップの左どなりには、紅茶の入ったマグカップがある。

おまけ 国語パズル

リストの中から漢数字を選んで□に入れ、四字熟語を完成させなさい。（あまる文字もある。）

(1) 海□山千

(2) □死一生

(3) 五臓□腑

(4) □寒四温

(5) 四方□方

(6) 百発□中

(7) 無礼千□

リスト 一 二 三 四 五 六 七 八 九 十 百 千 万

22 別冊ドリル 46〜47ページの答え

国語パズルの答え

			(2)↓				
		(1)→	ち	ん	み	ょ	う
(3)↓ お			ん				
も			ぷ				(5)↓
(4)→ む	り	な	ん	だ	い		も
ろ			か				と
に		(6)→ こ	ん	り	ん	ざ	い
			ぷ				
			ん				

論理①の答え

Aのトレー	Bのトレー	Cのトレー	Dのトレー
4 ●	7 ◆	9 ★	1 ▲

解説

ヒント⑥より、CかDの数字は正しい。そこでヒント③を見ると、BとDの数字の合計は8になるので、Dのトレーの4は正しくないとわかる。つまり、Cの数字は9である。

③のヒントよりAのトレーの数字は4に決まる。④のヒントより、Cのトレーの正しくなる1枚はマークとわかる。

ここでAのトレーのマークを考えてみよう。①のヒント、Cのトレーにある★、⑤のヒントを合わせると、●しか残らない。

すると、Dのトレーにあるマークは①のヒントより▲に決まり、Bのトレーは◆となる。

さいごに⑤のヒントからBとDのトレーの数字がわかる。

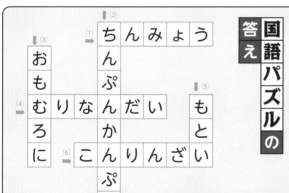

※答えは53ページ

学習日 ／

論理1

部屋分けパズル①

数字は、それぞれの部屋のマスの数を表している。
左のルールに合うように、
線でかこんで部屋を作りなさい。

ルール
部屋はすべて四角で、すべてのマスは
どこかの部屋に含まれる。

			6			2	
					5		
7				6			4
		4				3	
					6		
	9						4
						8	

論理2

部屋分けパズル②

数字は、それぞれの部屋のマスの数を表している。
左のルールに合うように、
線でかこんで部屋を作りなさい。

ルール
部屋はすべて四角で、すべてのマスは
どこかの部屋に含まれる。

9				8			
			2				
			5				
						7	
			6				
4							
2						9	4
4							4

おまけ 国語パズル

3文字のものの名前が書かれている。
□のまん中にひらがなを一文字入れて、たてからも横からも読めるようにしなさい。

	き	
こ		ぷ
	て	

	と	
ば		つ
	い	

	め	
は		き
	ね	

	と	
さ		な
	げ	

	た	
ほ		る
	み	

	た	
う		ぎ
	し	

	つ	
ち		わ
	し	

	ず	
り		ん
	ん	

	わ	
す		ば
	げ	

23 別冊ドリル 48～49ページの答え

国語パズルの答え

(1) 千
(2) 九
(3) 六
(4) 三
(5) 八
(6) 百
(7) 万

論理①の答え

	赤	緑	青	白	紫
中身	ほうじ茶	ミルク	紅茶	コーヒー	ジュース
持ち主	サヤカ	ユウタ	ヒナタ	カズマ	ミイナ

解説

わかっていることから順に表を埋めていこう。
Ⓔ紫のマグカップには、ジュースが入っている。
Ⓗ白いマグカップの左どなりには、紅茶の入ったマグカップがある。
Ⓕミルクが入ったマグカップは、紅茶とほうじ茶の入ったマグカップのあいだにある。

	赤	緑	青	白	紫
中身	ほうじ茶	ミルク	紅茶		ジュース
持ち主					

Ⓓカズマのマグカップには、コーヒーが入っている。
Ⓒミルクの右どなりのマグカップは、ヒナタのマグカップである。
Ⓖサヤカのコップの右どなりに、ユウタのマグカップがある。

	赤	緑	青	白	紫
中身	ほうじ茶	ミルク	紅茶	コーヒー	ジュース
持ち主	サヤカ	ユウタ	ヒナタ	カズマ	

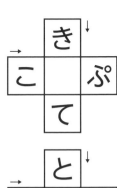

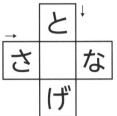

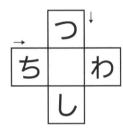

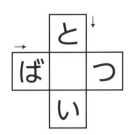

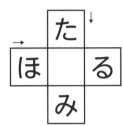

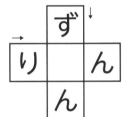

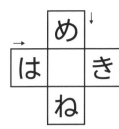

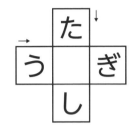

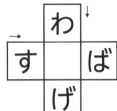

論理① 数字たどり①

1～8の数字が2つずつある。それぞれ1から8までの数字を順にたどり、すべての白いマスを1回ずつ通過しなさい。線が交差してはいけません。

	7			■		8		3
	8							
6			5	7				
						■		
	■	4				4		
							2	■
	1↑	■				■		
	■	■		6		5	1↓	
3			2					

論理② 数字たどり②

1～8の数字が2つずつある。それぞれ1から8までの数字を順にたどり、すべての白いマスを1回ずつ通過しなさい。線が交差してはいけません。

4				5				■
	■	2				■		7
	1↓						■	
					6	8		
			3	■				■
2								3
	6						5	
				■	■	8		
	←1	■	7					4

※答えは55ページ

学習日 ／

おまけ

国語パズル

ヒントの□に合う言葉になるように、リストから選んだ言葉をひらがなでマスに書きなさい。

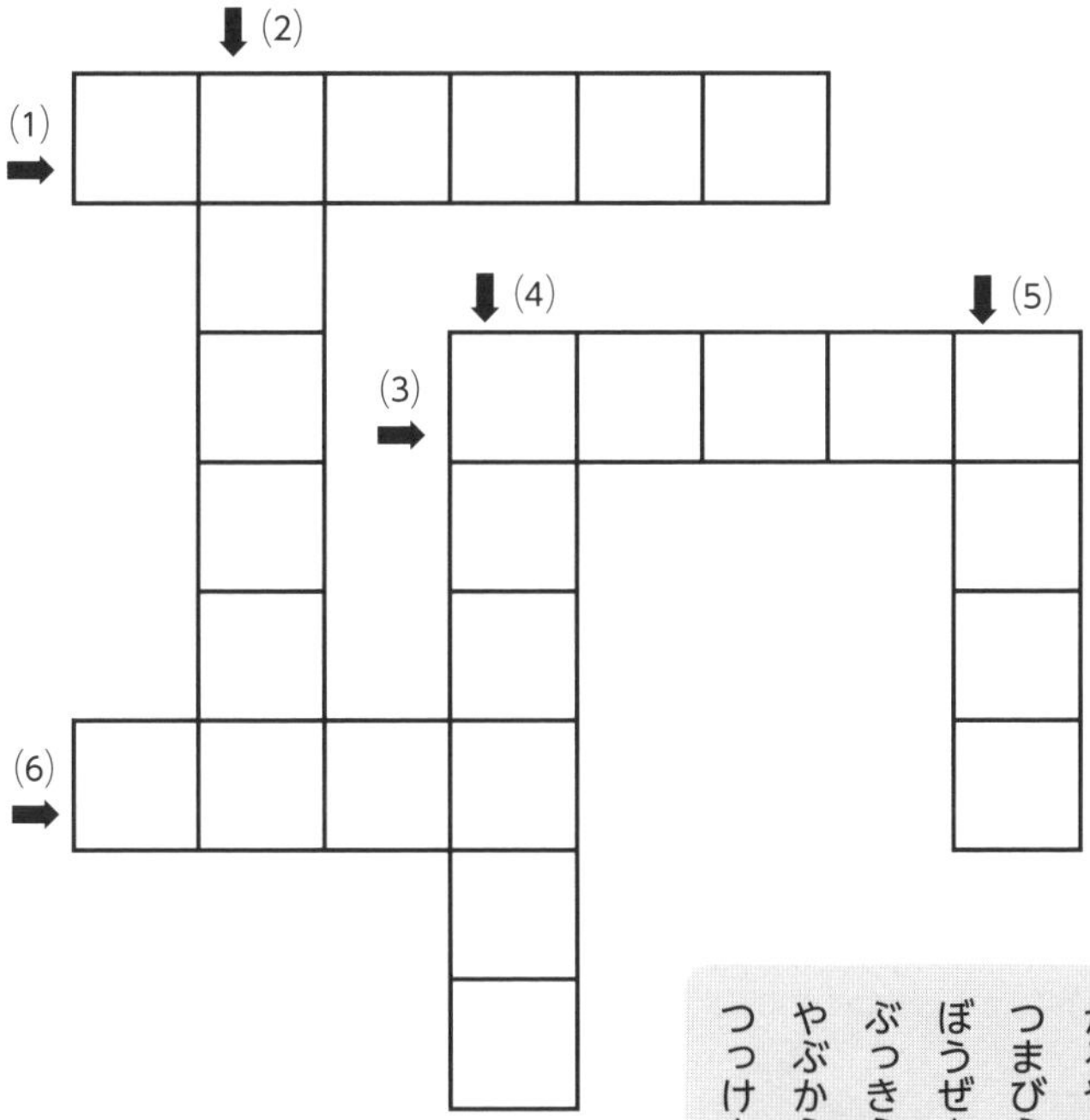

ヒント

(1)そんな話を、□にされてもこまる。
(2)かれはいつも□だが、根は優しい人だ。
(3)まだ、真実は□にされていない。
(4)かれの返事は、とても□なものだった。
(5)妹のステップは、とても□だ。
(6)私はその話を聞いて、□とした。

リスト

かろやか
つまびらか
ぼうぜん
ぶっきらぼう
やぶからぼう
つっけんどん

24 別冊ドリル 50～51ページの答え

国語パズルの答えの例

め / はがき / ね

と / ばけつ / い

き / こっぷ / て

た / うわぎ / し

た / ほたる / み

と / さかな / げ

わ / すなば / げ

ず / りぼん / ん

つ / ちくわ / し

論理①の答え

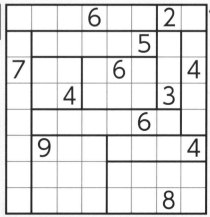

			6			2	
					5		
7				6			4
		4				3	
					6		
	9						4
						8	

解説 3、5、7は、2列や3列にはできないことに、気が付けるかどうかが、ポイントになる。

論理②の答え

9				8			
			2				
			5				
						7	
			6				
4							
2						9	4
4							4

26

発展問題③

※答えは57ページ

学習日 ／

論理1

サイコロころり①

サイコロを矢印の方向に転がしていく。
矢印の先にあるマスまで転がしたとき、上を向いているのはどの面か答えなさい。

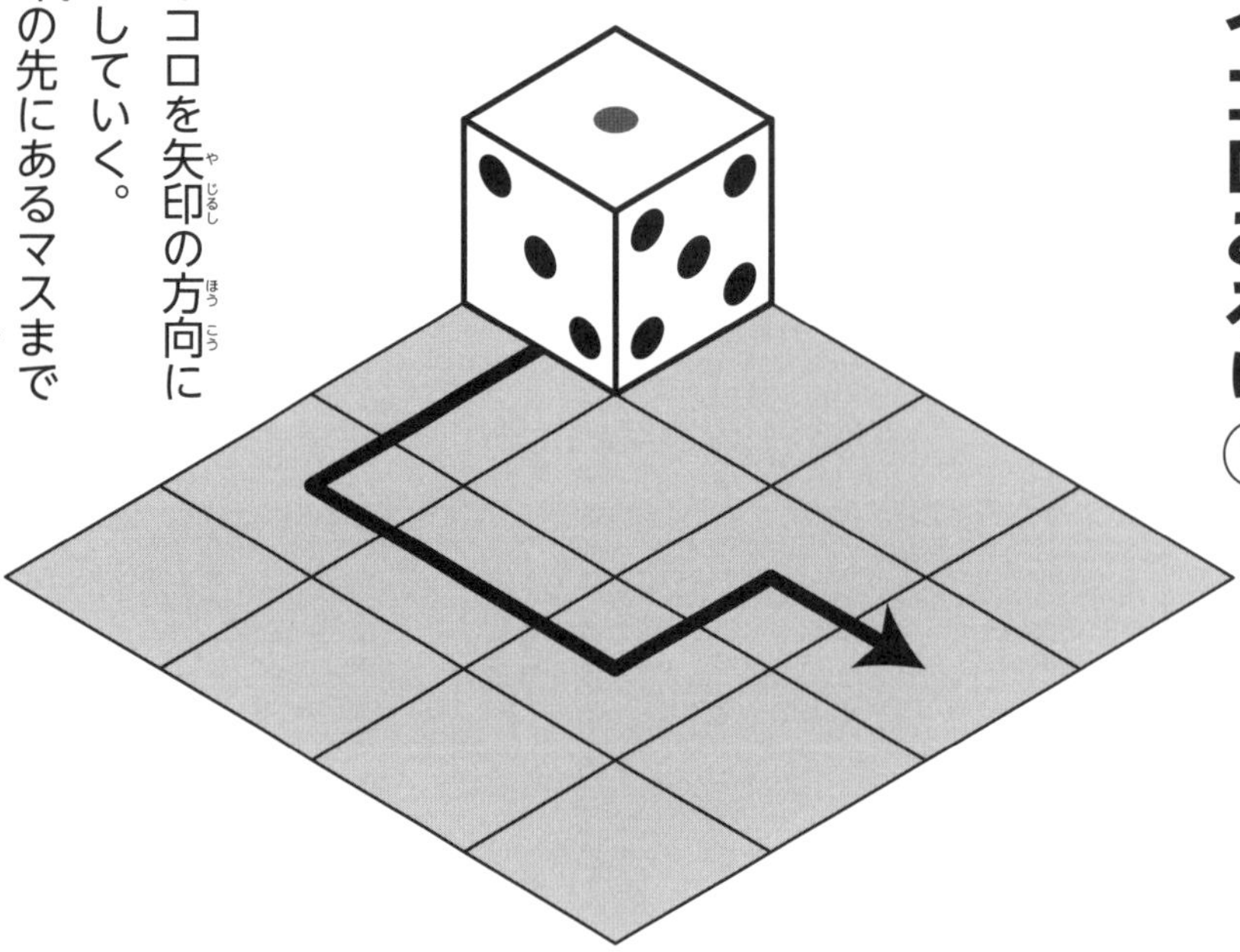

論理2

サイコロころり②

サイコロを矢印の方向に転がしていく。
矢印の先にあるマスまで転がしたとき、
上を向いているのはどの面か答えなさい。

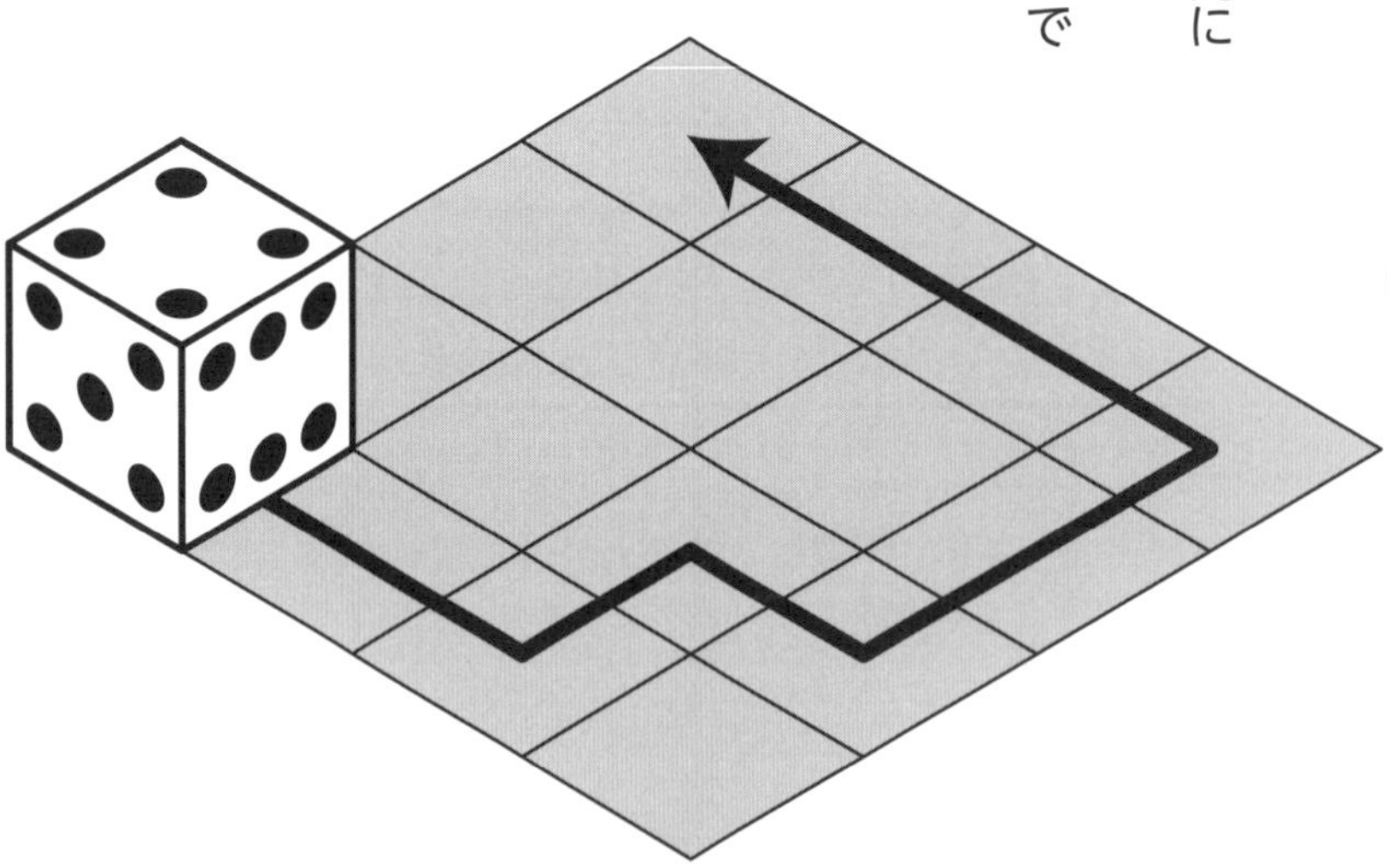

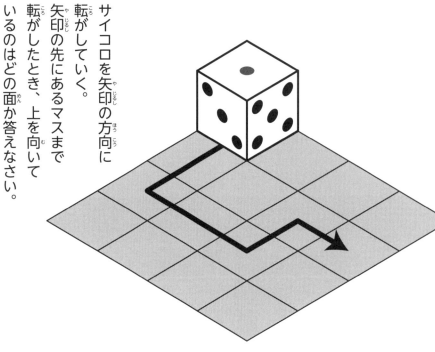

おまけ 国語パズル

しりとりの言葉がバラバラになっている。5文字の言葉をひとつ加えて、全部の言葉がつながるように並べかえなさい。ただし、加える言葉は動物の名前でなければならない。

ひつじ

だちょう

○○○○○

しまうま

こあら

らくだ

うし

ねこ

25 別冊ドリル 52～53ページの答え

国語パズルの答え

		(2)↓		(4)↓				(5)↓
(1)→	や	ぶ	か	ら	ぼ	う		
		つ						
(3)→		き		つ	ま	び	ら	か
		ら		っ				ろ
		ぼ		け				や
(6)→	ぼ	う	ぜ	ん				か
				ど				
				ん				

論理①の答え

解説 2組の数字が、右半分と左半分に分かれていることに気が付けるかどうかがポイントになる。

論理②の答え

27

発展問題④

※答えは59ページ

学習日

論理1

あみだパズル

すべてのマークが同じマークにつながるように、下のあみだに、線を2本加えなさい。

加える線は、点線でえがかれている ‐‐‐ のうち2本である。

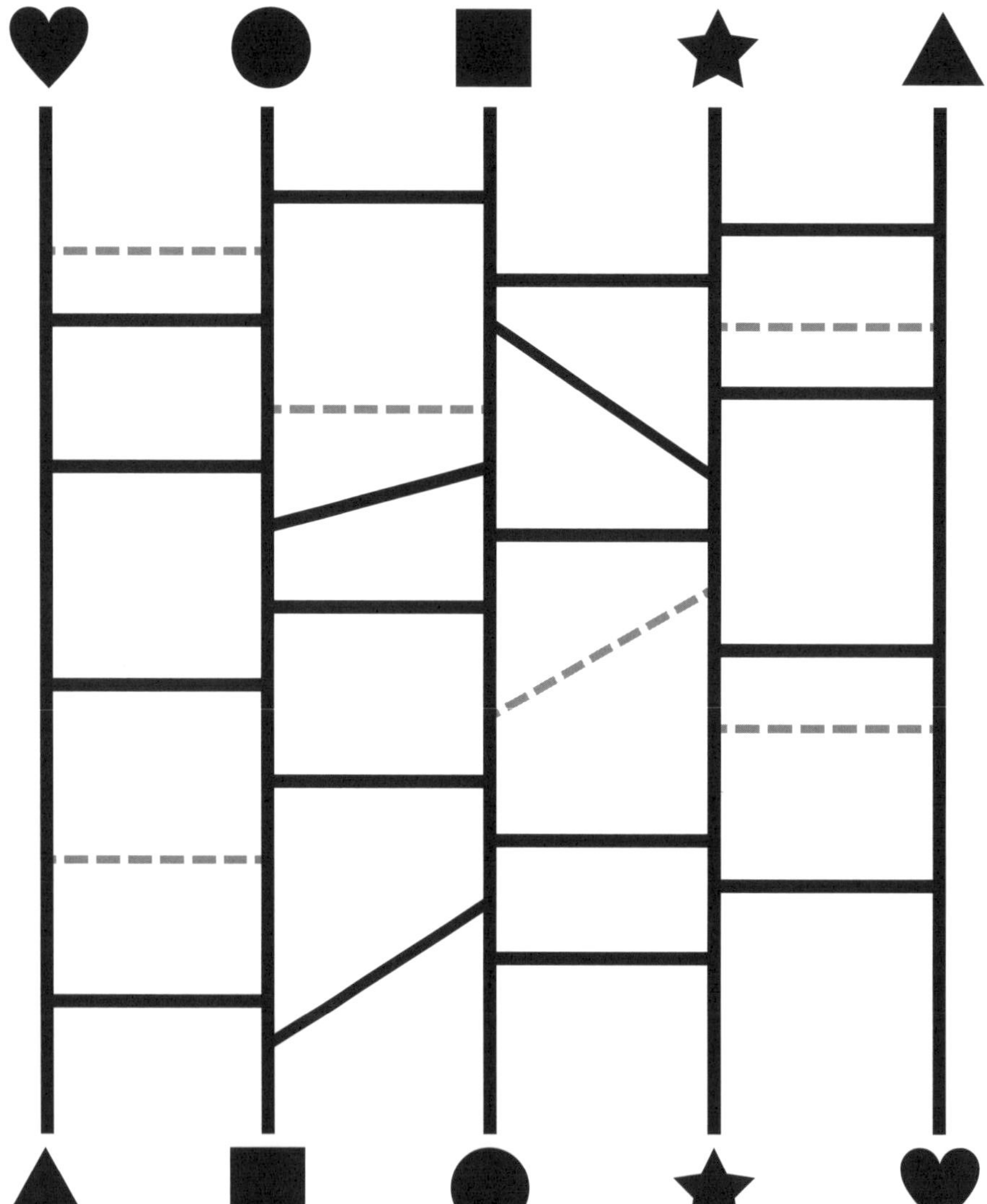

おまけ 国語パズル

リストの中から体を表す漢字を選んで□に入れ、四字熟語を完成させなさい。（あまる文字もある。）

(1) 異□同音
(2) 頭寒□熱
(3) 平身低□
(4) □尾一貫
(5) 厚□無恥
(6) 危機一□
(7) 抱□絶倒

リスト 爪 髪 足 手 腹 背 胸 首 頭 顔 口 鼻 目

26 別冊ドリル 54～55ページの答え

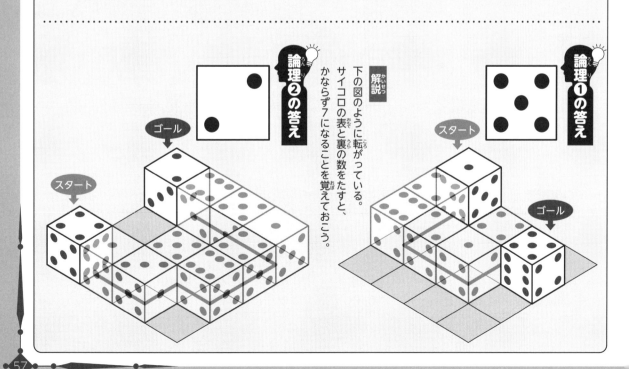

国語パズルの答えの例

ねこ ← こあら ← らくだ ← だちょう ← うし ← しまうま ← **まんとひひ** ← ひつじ

論理①の答え

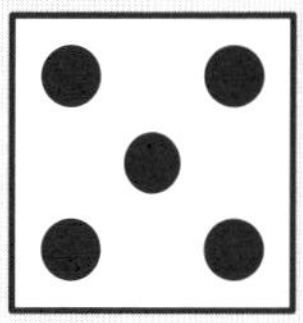

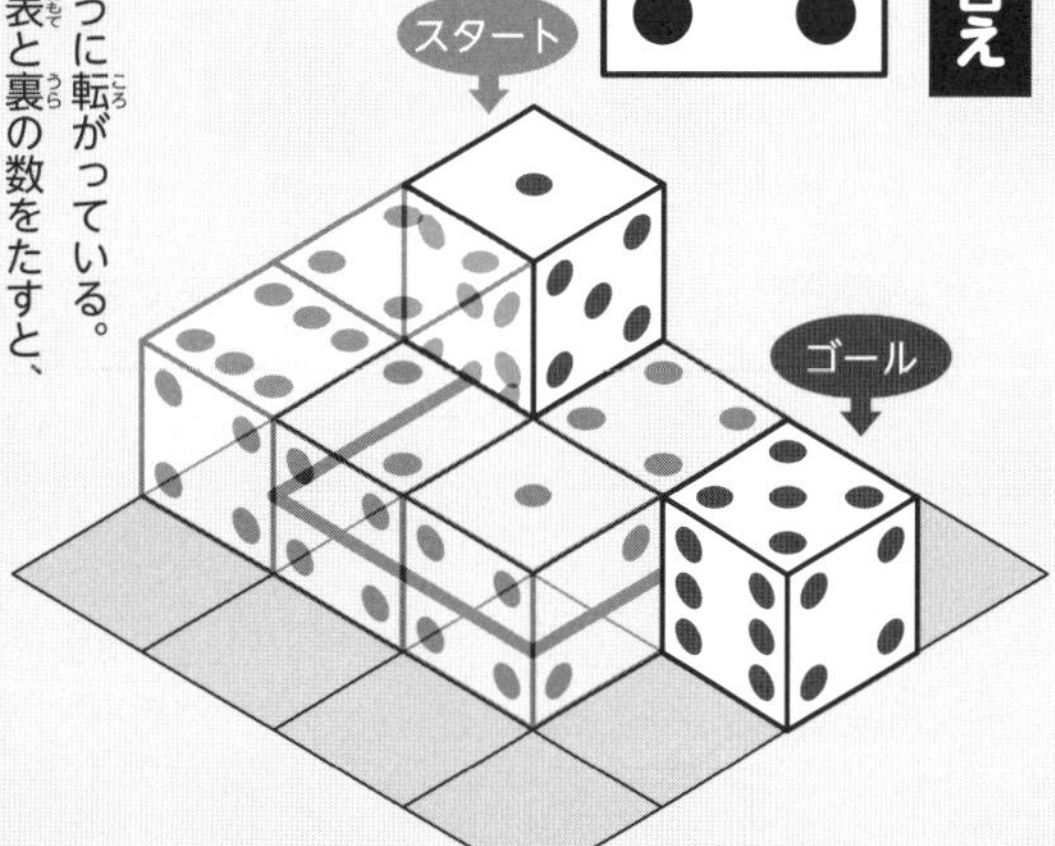

解説 下の図のように転がっている。サイコロの表と裏の数をたすと、かならず7になることを覚えておこう。

論理②の答え

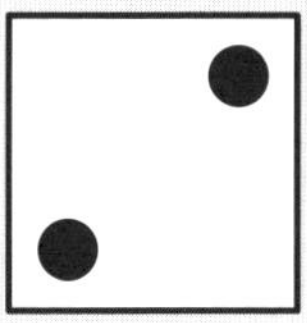

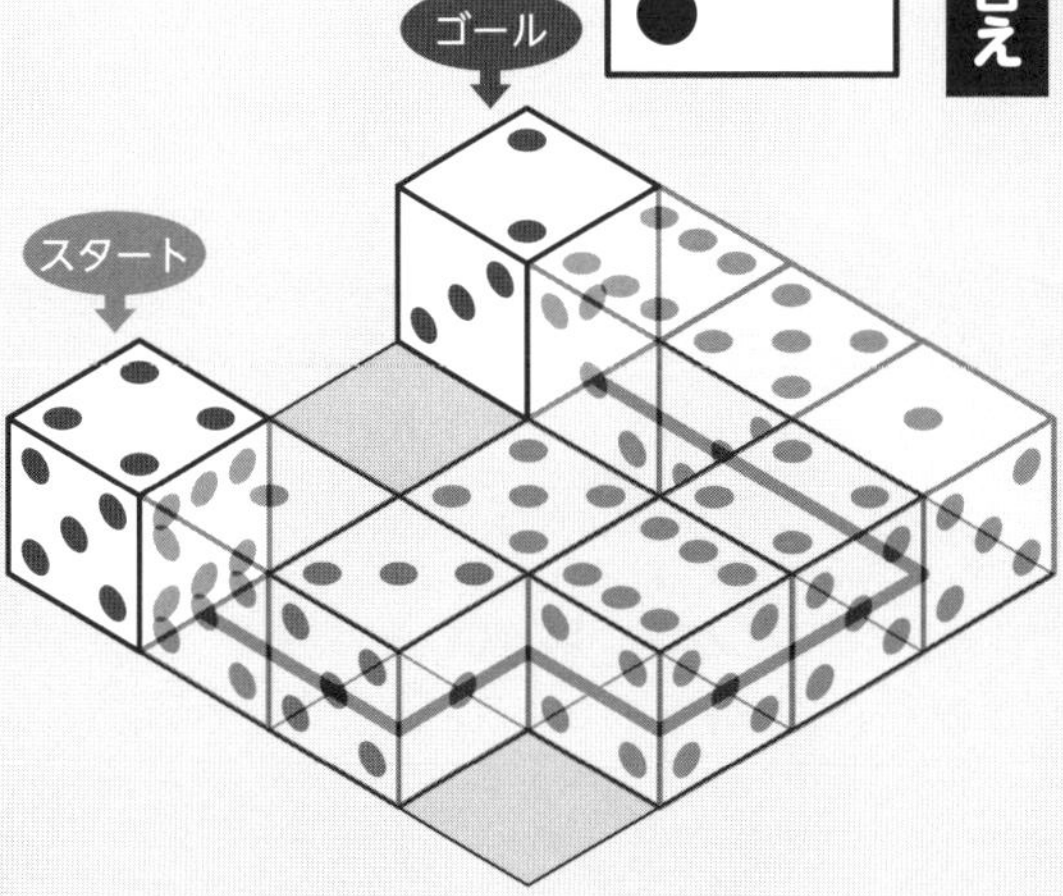

28

発展問題⑤

※答えは61ページ

学習日 ／

論理① ブロック箱づめパズル①

ブロックが4個ある。
これを上の箱にピッタリつめなさい。
ブロックは左右に回転できるが、
裏返すことはできない。

箱

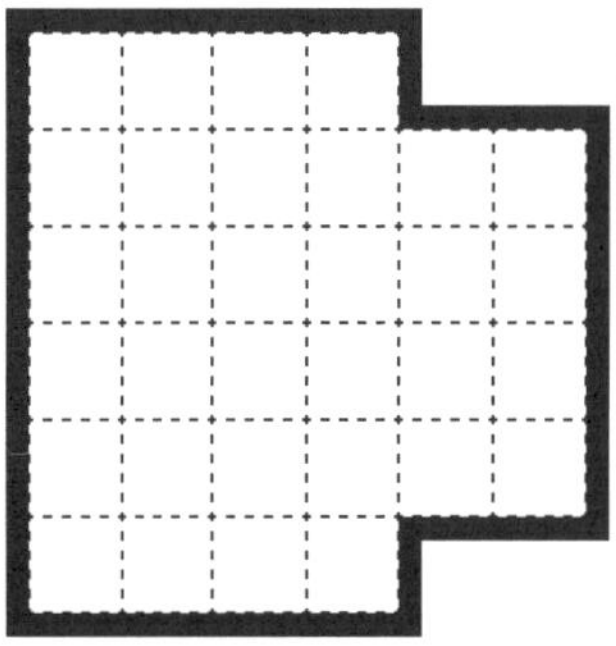

ブロック

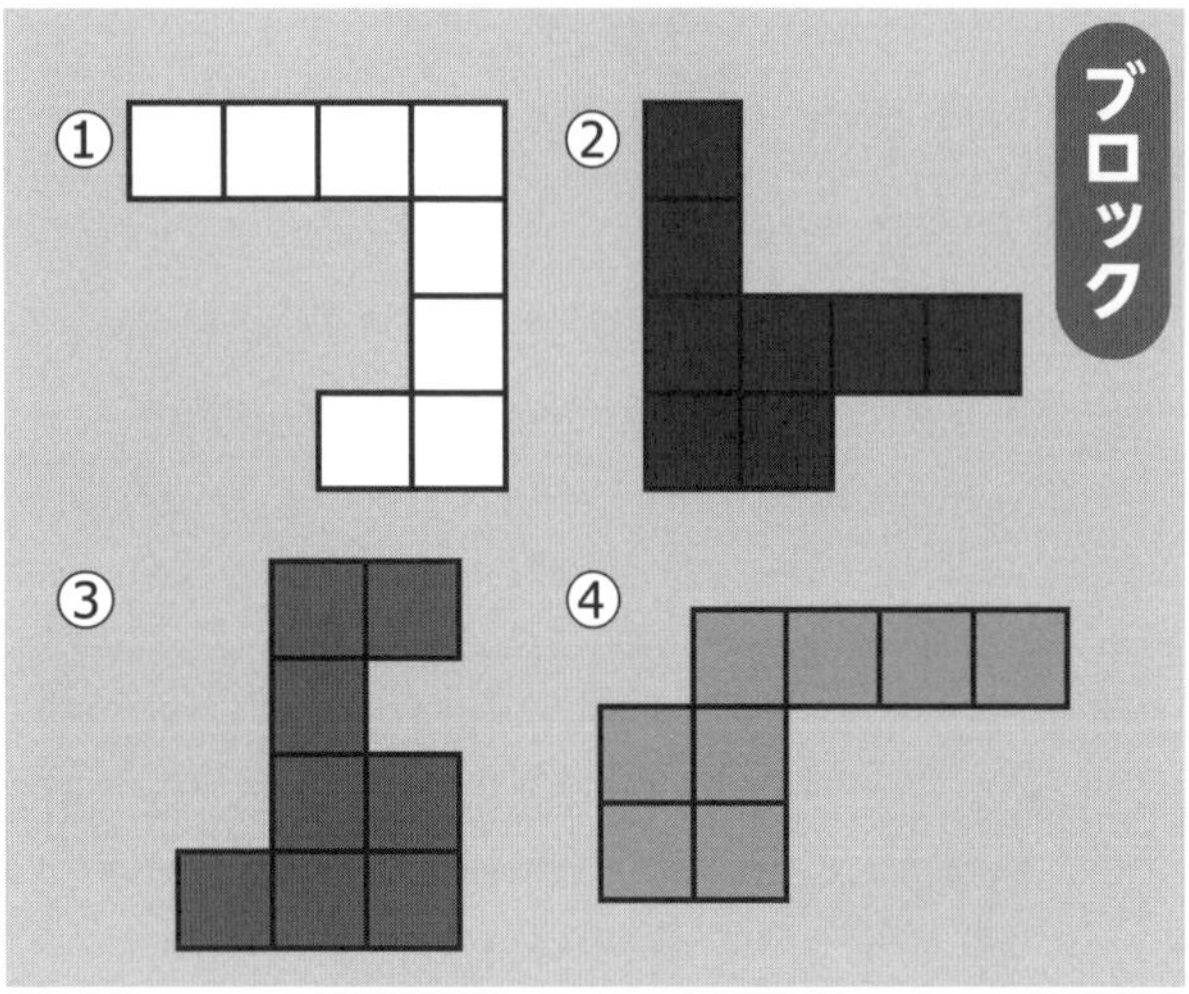

ルール

③のブロックだけ、
回転させない。

論理② ブロック箱づめパズル②

ブロックが4個ある。
これを上の箱にピッタリつめなさい。
ブロックは左右に回転できるが、
裏返すことはできない。

箱

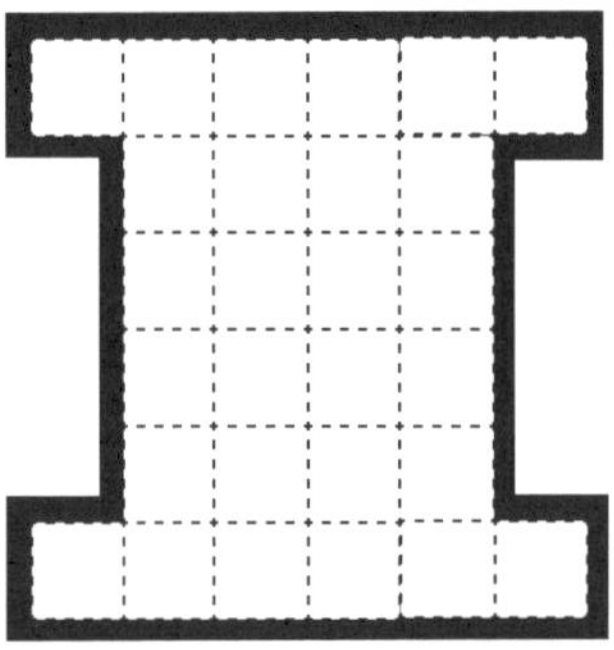

ブロック

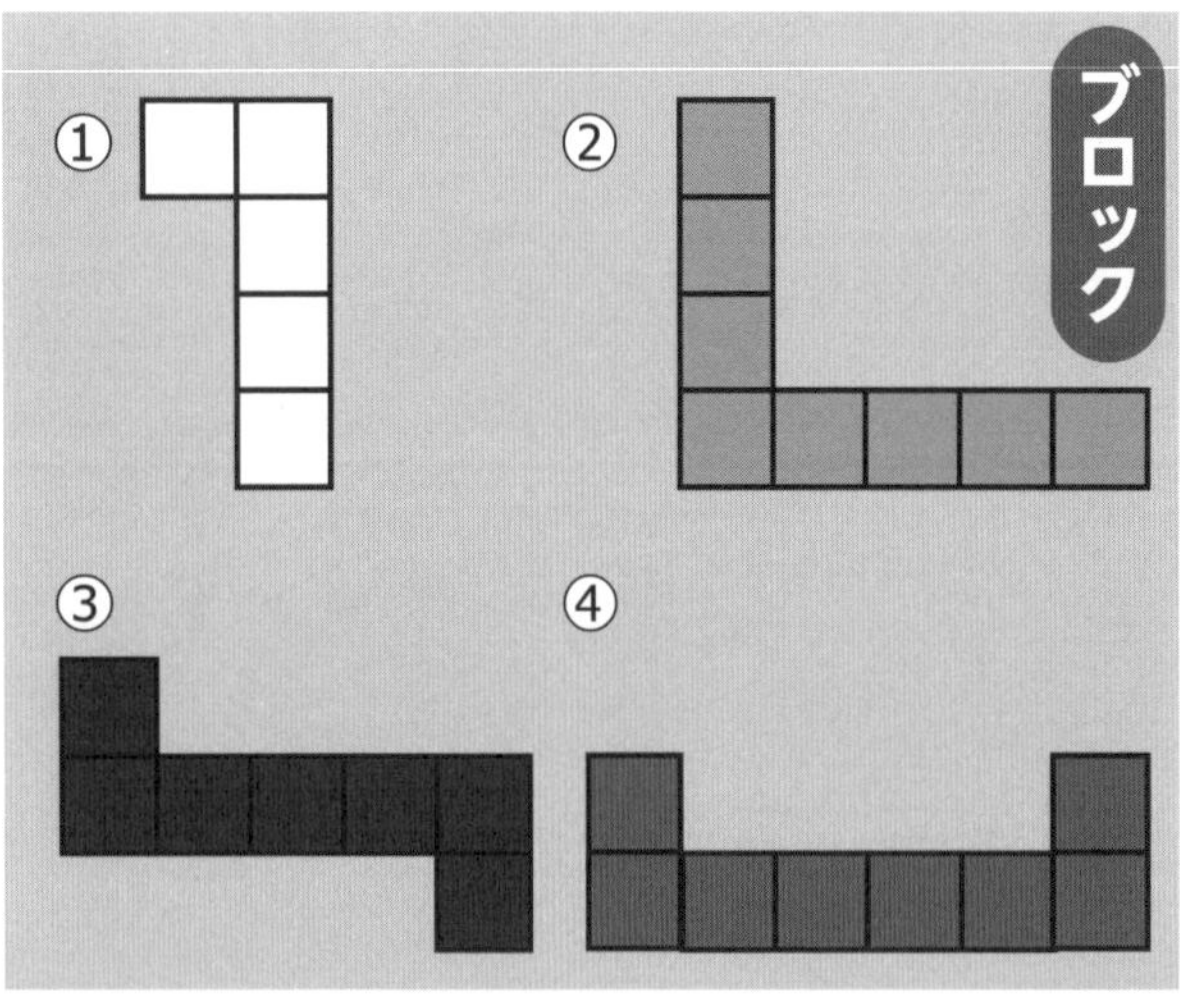

ルール

①のブロックだけ、
回転させない。

おまけ
国語パズル

ヒントに合う言葉をひらがなで書いて、すべてのマスを埋め、クロスワードを完成させなさい。

ヨコのヒント

(1)夏になると鳴き声が聞こえてくる。
(2)出かけるときは、よく確認しよう。
(5)林よりも大きいところ。
(6)機械をカタカナ語で言うと？
(7)細かいパーツを組み立てて作る模型。
(8)アヒルに似ているけどもっと大きい。
(12)上るときはしんどいけど下るときは楽。
(14)うれしいとき、満たされているときはどんな気持ち？
(15)2位のときにもらえるメダルの色は？

タテのヒント

(1)くるくる回って、涼しくしてくれる道具。
(2)敵の攻撃を防ぐもの。最後の○○○。
(3)英語で言うとビーンズ。
(4)理科の実験をするところ。
(5)むささびより小さい。
(9)七五三のときにもらうのは、○○○飴。
(10)耳が長い動物。
(11)扉を英語で言うと？
(13)分別して捨てよう。

国語パズルの答え

(1)口 (2)足 (3)頭 (4)首 (5)顔 (6)髪 (7)腹

27 別冊ドリル 56〜57ページの答え

論理①の答え

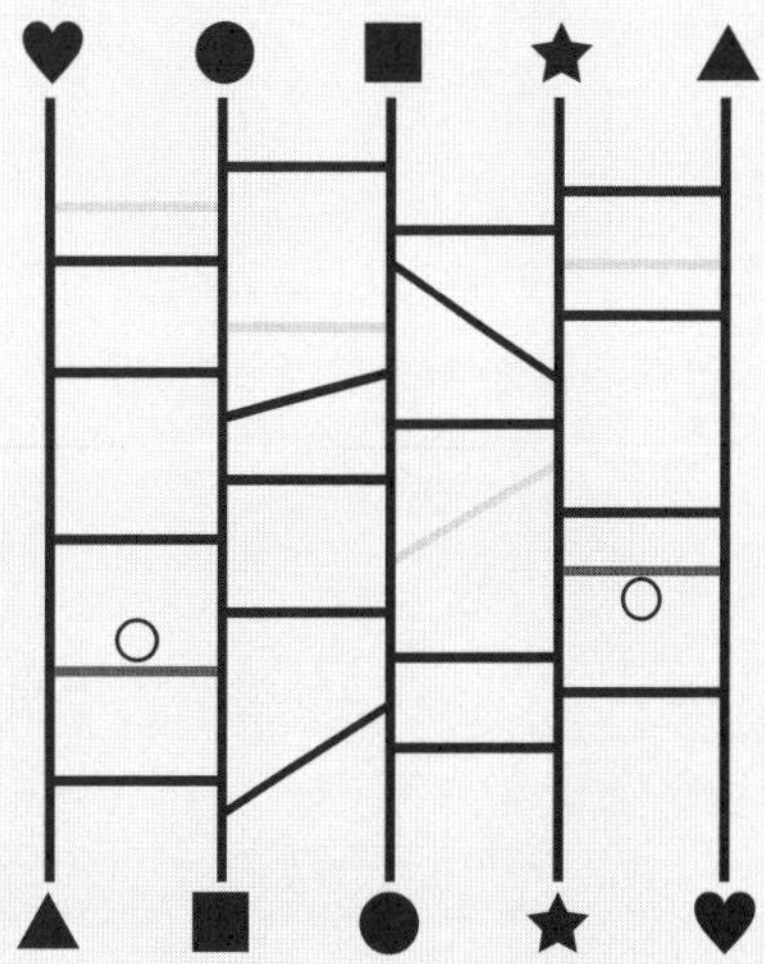

解説

上からたどったり、下からたどったりと、可能性のある行き方を、効率よく調べていこう。

同じマークがつながる点線を見つけたら、仮に線を引いておき、ほかのマークもたどってみて、本当に正しい線かどうか確認しよう。

1本の線を加えたときに、同じマークにたどりつけなかったとしても、2本目を加えることで、同じマークにたどりつくこともあるので、正しい線かどうか何度も試してみる必要がある。

29

発展問題⑥

※答えは63ページ

学習日 ／

論理1

5つの味のプチケーキ

5つのマークがかかれたふくろに、それぞれ小さなケーキが入っている。
味はチョコ、バター、メープル、コーヒー、チーズの5種類。
下のヒントを見て、どのマークがどの味か答えなさい。

ヒント

①チーズ味は、▲か☽である。
②バター味は、■と★のどちらでもない。
③●は、メープル味かチョコ味である。
④★は、チーズ味かチョコ味である。
⑤☽は、コーヒー味でもチーズ味でもない。

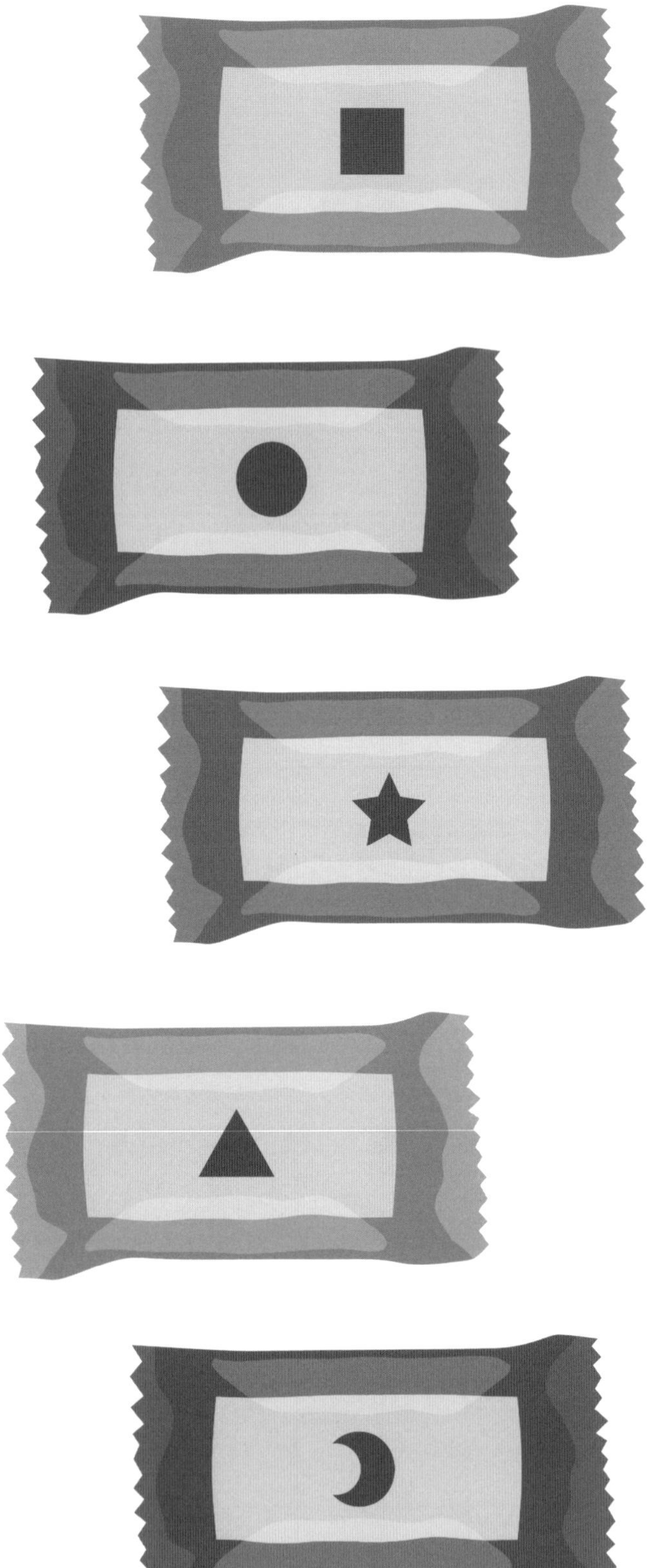

おまけ

国語パズル

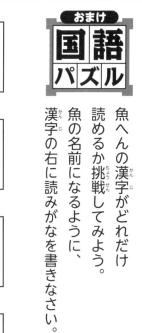

魚へんの漢字がどれだけ読めるか挑戦してみよう。魚の名前になるように、漢字の右に読みがなを書きなさい。

鯖	鮪	鯛
鮭	鰈	鮎
鰯	鱈	鰻
鰺	鯉	鮫

28 別冊ドリル 58〜59ページの答え

国語パズルの答え

せ	み	■	と	じ	ま	り
ん	■	も	り	■	め	か
ぷ	ら	も	で	る	■	し
う	■	ん	■	■	■	つ
き	■	が	ち	ょ	う	■
■	ど	■	と	■	さ	か
し	あ	わ	せ	■	ぎ	ん

論理①の答え

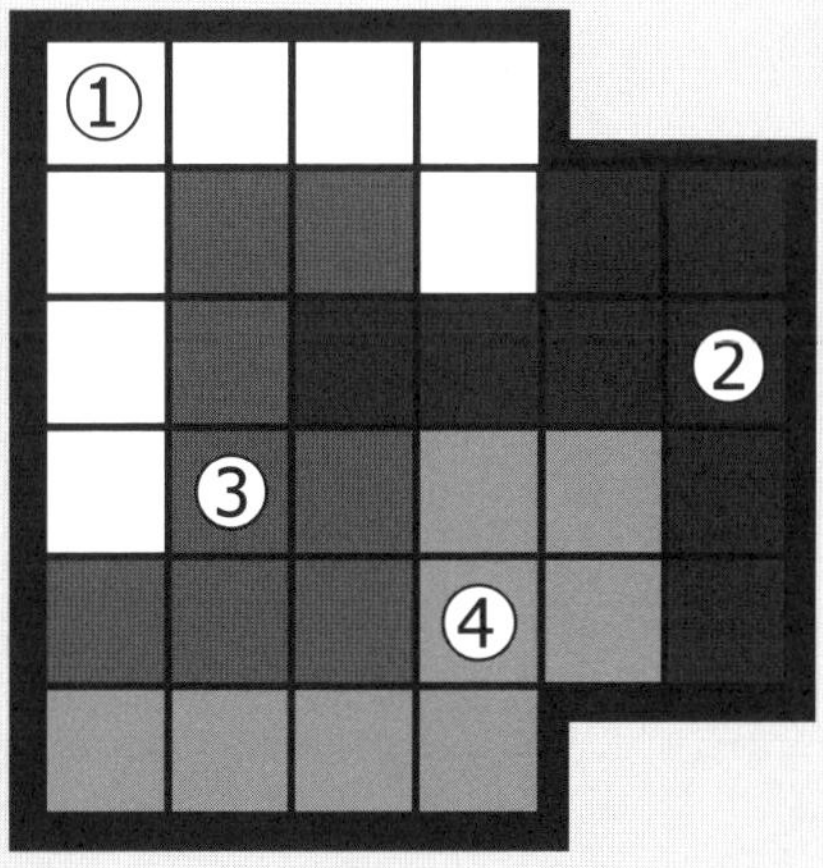

解説 回転させない③のブロックを色々な場所に置いてみて、合うブロックを考えていこう。

論理②の答え

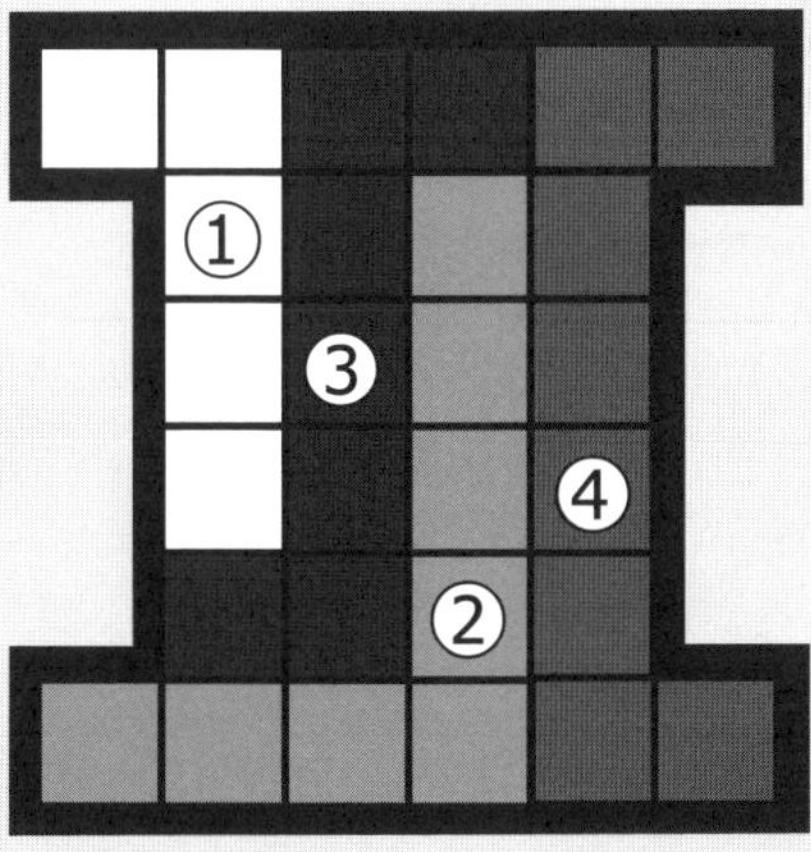

※答えは5ページ

学習日 ／

論理1

10になる式を作ろう

□の中に、「＋、－、×」のどれかを入れて式を完成させよう。
式の答えは、それぞれ10にすること。

ルール
下のリストにある「＋、－、×」をあまらないように、すべて1回ずつ使う。

① 2 □ 3 □ 3 □ 1＝10

② 4 □ 4 □ 2 □ 4＝10

③ 5 □ 1 □ 7 □ 3＝10

リスト

＋　＋　＋　－　－
－　－　×　×

おまけ

国語パズル

虫の文字が入っている漢字が
どれだけ読めるか挑戦してみよう。
生きものの名前になるように、
漢字の右に読みがなを書きなさい。

蛙□　蛇□　蛤□　蟹□

蝶□　蟬□　蠍□　蚕□

蚊□　蛾□　蟻□　蜂□

29 別冊ドリル 60～61ページの答え

国語パズルの答え

鯖（さば）　鮭（さけ）　鰯（いわし）　鯵（あじ）

鮪（まぐろ）　鰈（かれい）　鱈（たら）　鯉（こい）

鯛（たい）　鮎（あゆ）　鰻（うなぎ）　鮫（さめ）

論理①の答え

解説　すべてのヒントを元に、表を作ろう。すると、★はチョコ味に決まり、そこから次々と決まっていく。

	チョコ	バター	メープル	コーヒー	チーズ
●		×		×	×
■		×			×
▲					
☽				×	×
★		×	×	×	×

↓

	チョコ	バター	メープル	コーヒー	チーズ
●	×	×		×	×
■	×	×			×
▲	×				
☽	×			×	×
★	○	×	×	×	×

←

	チョコ	バター	メープル	コーヒー	チーズ
●	×	×	○	×	×
■	×	×	×		×
▲	×		×		
☽	×		×	×	×
★	○	×	×	×	×

←

	チョコ	バター	メープル	コーヒー	チーズ
●	×	×	○	×	×
■	×	×	×	○	×
▲	×		×	×	
☽	×		×	×	×
★	○	×	×	×	×

↑

	チョコ	バター	メープル	コーヒー	チーズ
●	×	×	○	×	×
■	×	×	×	○	×
▲	×	×	×	×	○
☽	×		×	×	×
★	○	×	×	×	×

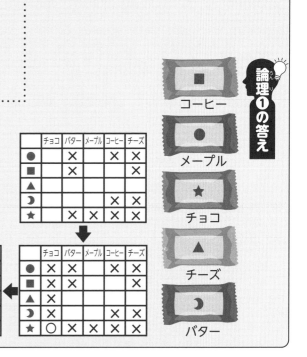